KB081384

부 동 산 상 승 장 과 하 락 장 에 도 변 함 없 는

2030년
서울 부동산 플랜

2030 Seoul real estate plan

부동산 상승장과 하락장에도 변함없는

2030년
서울 부동산 플랜

2030 Seoul real estate plan

황태연 지음

3선 연임에 성공한 서울시 박원순 시장은 서울 강북 삼양동 옥탑방에서 서민체험에 돌입했다. 2018년 여름은 유난하게 더웠다. 그 여름 한 달간 박원순 시장은 일부지역의 경우 도시가스도 안 들어오는 곳인 강북 삼양동에서 선풍기에 의존해 여름을 보냈다.

한 달이 지난 후 박 시장은 '삼양동에서 세상을 보다'라는 주제로 '강북 우선투자전략'을 발표했다. 즉 서울 행정의 동력을 집중 투자해 낙후된 강북지역의 생활기반시설을 확충하면서도 대형마트, 프랜차이즈 등으로 붕괴된 강북의 골목경제를 주민중심 지역선순환 경제로 부활시키겠다고 장담했다.

사실 박 시장의 옥탑방 체험 후 '강북 우선투자전략'은 이미 2018년 3월 서울시가 발표한 '2030 서울 생활권 계획'에서 그 청사진이 만들어진 발표다. 서울시는 2000년대 초반부터 새로운 도시계획을 마련해 왔다. 그 연장선에서 서울을 5개 권역으로 나누고 지역을 균등하게 발전시키겠다는 것이 서울시의 정책 방향이다.

서울 전역을 ◉동남권(잠실·강남 일대) ◉동북권(창동·상계·청량리·왕십리) ◉서남권(영등포·여의도·가산·마곡) ◉서북권(상암·수색) ◉도심권으로 분류해 5개 권역으로 나눈다. 이어 이들 권역을 더 세분화해 무려 116개 지역생활권으로 구분했다. 동 단위로 세부 개발 계획을 짠 것은 서울시의 도시계획 역사상 이번이 처음이다.

그런데 필자는 새로 지정되는 서울시의 상업지역 확대에 눈길이 간다. 이 지정하는 정책방향이 그동안 상대적으로 낙후됐던 지역에 집중되기 때문이다. 실제로 서울시는 2030년까지 상업지역 총 192만㎡를 새롭게 지정한다. 유보 물량을 제외한 신규 상업지 배분 물량 134만㎡ 중 44%(59만㎡)를 강북·노원·도봉구 등 동북권에 배분한다. 또한 강서·구로·금천 등 서남권에는 상업지역 40만㎡가 지정된다. 신규 상업지 물량의 74%가 서울의 강북·강서에 배분된다. 동남권과 서북권에는 각각 17만㎡, 18만㎡가 지정된다. 이외에도 116개 지역생활권에 대해서는 각 지역의 특성에 맞는 발전 방안을 도시공간, 산업·일자리, 교통 등 7개 분야로 나눠 제시했다.

여기에서 이러한 서울시 생활권 계획에 따른 개별 부동산 투자 영역의 방향에 대한 힌트를 가질 수 있다. 바로 향후 10년 서울시의 정책방향이 '서울의 균등 발전'이라는 점에 주목할 필요가 있다.

서울은 참 오래된 도시이다. 조선을 건국한 태조 이성계는 1392년 왕조를 세운 후 한양(지금의 서울)을 새로운 도읍지로 정했다. 600여 년 동안 한 나라의 수도였던 만큼 서울은 역사와 문화가 오래된 도시라 볼 수 있다. 부동산의 관점에서 보아도 서울은 아주 오래된 건물과 시설이 많다. 특히 한양 도성에 포진했던 강북 지역은 노후된 건물이 많다. 반면 새롭게 정비된 강남 지역은 도시를 새롭게 건설하고 꾸미다 보니 기반 시설이 좋다. 이런 현실에서 서울의 균등한 발전은 낙후된 지역부터 정비를 해나갈 수밖에 없다.

필자는 전작인『100세 시대 부동산 은퇴설계』를 통해서 100세 시대를 맞는 부동산 은퇴설계의 투자전략을 다양한 방법으로 소개한 바 있다. 중년을 맞는 세대에게 부동산의 투자전략을 제시했는데 독자들의 반응이 뜨거웠다. 출간 이후 독자들의 의견을 듣는 가운데, 일부 사람들이 필자에게 서울 부동산의 미래 방향을 묻곤 했다. 전국에서도 가장 뜨거운 부동산 이슈를 갖고 있는 서울 부동산의 플랜을 독자들에게 정리해 주는 것도 매우 의미있는 일이란 생각이 들었다.

그래서 이번 책을 준비했다. 앞으로 10년의 서울 플랜에 접근하기 위해서는 2018년 서울 생활권 계획이 필수적으로 검토되었다. 이 계획에 따른 서울 부동산의 향방을 미래 부동산의 흐름과 맞물려 이 책을 집필했다. 또한 서울 부동산의 미래 모습을 상상력을 발휘해 그려보려고 노력했다.

이 책은 총 4개의 파트로 구성되어 있다. 먼저 첫 번째 파트에서는 서울 부동산의 미래 키워드를 잡아 보았다. 서울시 도시계획의 미래, 부동산 핵심 입지, 상상으로 본 10년 후 주거문화를 살펴보았다. 또한 서울을 관통하는 도시철도와 숲세권, 학세권, 태마상권의 거시적인 흐름을 진단했다.

두 번째 파트에서는 2030 서울 5개 생활권을 집중 해부했다. 특히 다른 곳에서 다루지 않는 교통과 개발, 환경, 상권이라는 핵심 테마를 잡아 테마별 특징을 묶는 방법으로 지역 투자처를 제공했다. 낙후시설의 재정비로 성장 동력을 확보할 도심권 가치, 서울시의 정책이 집중되는 지역인 동북권 가치, 많은 개발 포인트가 눈에 띄는 지역인 서남권 가치, 서울 핵심 지역과의 연계성이 관건인 서북권 가치, 대한민국 부동산의 리딩 지역인 동남권 가치를 언급했다.

세 번째 파트에서는 서울 부동산 투자의 상품별 소핑 리스트를 제공했다. 서울의 대표상품 아파트 투자, 신축을 주목할 다세대 빌라·연립 투자, 수익형 임대사업의 대표 오피스텔 투자에 이르기까지 다양한 투자 상품에 관한 정보를 제시했다.

네 번째 파트에서는 2030 서울 플랜을 강화하는 서울 근교 수도권 지역에서 진행되는 도시철도 노선, 도로 개설 및 확장, 새로 발표되는 신도시 3기의 택지지구 등을 소개한다. 서울의 미래는 서울뿐만 아니라 그 외곽지역의 교통노선이나 택지지구 등과 같이할 수밖에 없다. 최신의 따끈따끈한 정보를 담았다.

서울은 특유의 배산임수背山臨水의 지형으로 되어 있다. 산을 등지고 물을 바라보는 지세地勢인 서울은, 풍수지리설에서 주택이나 건물을 지을 때 이상적으로 여기는 배치를 띠고 있다.

또한 세계 그 어느 도시와 경쟁해도 뒤지지 않는 큰 강인 한강. 그 강변에서 바라보는 서울 야경은 이 도시에 애정을 느끼게 하기에 충분하다. 특히 남북 화해 무드 속에서 북한 지역과 가까운 거리에 있는 서울의 입지는 향후 큰 변수에 직면할 수도 있다.

독자들이 이 책을 통해 우리의 삶과 직결되는 서울의 주거문화 방향에 대해 조그마한 힌트라도 얻었으면 좋겠다. 또한 이 글이 독자들의 개인 자산을 서울 부동산 플랜 속에서 어떻게 투자해야 하는지 판단하는 데 작은 도움이 되길 바란다.

1장
서울 부동산의 미래 투자키워드

서울시 도시계획의 미래

10년 후 서울 도시의 앞날은 어떻게 될까? 서울은 참 매력적인 도시라 할 수 있다. 세계 그 어느 나라를 가도 역사와 문화를 기록한 스토리와 도시발전이 접목된 도시는 드물다. 그 서울의 2030년을 담은 세부 설계도가 있다.

바로 서울시에서 발표한 '2030 서울 생활권 계획'이다. 총 30권, 6,000여 페이지에 이르는 방대한 분량이다. 그만큼 서울시민의 일상생활과 밀접한 이슈들에 대한 발전구상을 생활권별로 담아낸 국내 최초의 생활밀착형 도시계획이라 볼 수 있다.

이 자료는 급조된 것이 아니다. 이미 수 년 전부터 지속적으로 연구와 조사를 통해 서울시민의 생활과 밀착해서 정립한 것이다. 5개 권역(도심권·동북권·서북권·서남권·동남권)과 116개 지역에 대한 생활권 계획은 각 지역의 특성에 맞는 발전방안을 7개 이슈(◉도시공간 ◉산업·일자리 ◉주거정비 ◉교통 ◉환경·안전 ◉역사·문화·관광 ◉

복지·교육)로 제시했다.

5개 권역, 116개 생활단위 계획

하나의 도시가 5개 권역으로 나눠지고, 이는 다시 116개의 생활
단위로 나뉘어져 이루어진 것이 이번 서울시 생활권 계획의 골자
이다.

　주요 내용을 보면, 도시공간은 권역·지역의 기능과 역할 강화를
통한 지역 자족성 강화 방안을 담았다. 권역별로 대표적인 것을 소
개하면, 상암·수색(서북권)은 수색복합역사와 경의선 상부부지를
활용하고 영상·미디어·R&D 기능을 확충해 디지털미디어 거점으
로 육성한다. 청량리역(동북권)은 복합환승역사를 통해 교통·상업
중심지로서의 기능을 강화한다.

　산업·일자리 방안은 특성화된 산업을 발굴·육성해 고용과 경제

기반을 활성화하는 내용을 담았다. 예를 들어 가산G밸리(서남권)는 4개 권역으로 나눠 도심형 산업, 패션·디자인, 제조업 등을 기반으로 한 창조산업 중심거점으로 육성한다. 신촌 일대(서북권)는 대학과 연계해 청년창업 거점으로, 상일동 일대(동남권)는 첨단 업무단지와 엔지니어링 복합단지 규모를 확대하는 내용을 골자로 한다.

주거정비는 주거지 현황과 특성을 고려한 맞춤형 정비·보전·관리방안을 담았다. 상계·월계(동북권)는 노후화된 택지개발지구의 정비방안을 마련하고 지구단위 계획이 수립되지 않은 지구에 대한 관리방안 마련으로 체계적 정비에 나선다. 불광동·홍은동·성산동 등 일대(서북권)는 1인가구, 어르신 등 맞춤형 공유주택 도입을 유도한다.

복지·교육은 각 지역별로 필요한 복지·교육시설에 대한 공급방안을 담았다. 1~2인 가구 비율이 높은 혜화동·장충동(도심권)의 경우 문화·체육시설을 확충한다.

또한 생활권 계획에는 서울 전역을 조사·분석해 어린이집, 주차장, 도서관, 공원 등 각 권역·지역별로 설치가 필요한 생활서비스시설을 11개 분야로 제시했다. 권역생활권은 각 자치구별로 서울시 평균 보급률보다 낮은 시설, 지역생활권은 3가지 조건(◉지역주민이 필요하다고 요청하는 시설 ◉보행 10분 거리, 800미터 이내 시설이 없는 경우 ◉서울시 평균보다 보급률이 낮은 시설)을 만족하는 시설을 각각 우선 확충이 필요한 대상으로 선정했다.

아울러 서울시는 이번 생활권 계획을 통해 2014년에 수립한 '2030 서울플랜'(서울도시기본계획)에서 정한 중심지 체계(3도심-7

광역-12지역-53지구)를 최종 완성하고, 중심지별 육성·관리방안을 수립하였다.

동북권과 서남권에 상업지역 비율 높여

특히 2030년까지 중심지 내에 상업지역 총 192만m^2를 새롭게 지정해 지역불균형 해소와 지역 활력의 촉매제로 삼는다는 계획이다.

시는 지역별 인구, 일자리, 상업지역 비율 등을 고려해 배분 물량(134만m^2, 유보물량 제외)의 70% 이상을 그동안 상대적으로 낙후·소외됐던 동북권(59만m^2)과 서남권(40만m^2)에 배분했다.

신규 상업지역 지정은 지역별로 배분된 물량 범위 내에서 자치구가 개발계획과 연계한 세부계획을 수립해 시에 요청하면 중심지 육성 방향, 공공기여의 적정성 등을 고려해 지정여부를 결정하게 된다.

생활권 계획에서 정한 중심지 내에서는 제3종일반주거지역 이상인 지역을 원칙으로 상업지역 지정 검토가 가능하다. 서울시는 이번에 수립한 생활권 계획의 방향과 내용이 향후 서울시의 모든 관련 하위 계획(법정·행정·도시관리)을 통해 실제 현장에서 적용될 수 있도록 각종 도시관리계획(용도지역·지구·구역, 기반시설, 도시개발사업, 정비사업, 지구단위계획) 수립시 검토·심의 과정을 거치고, 실행과정 중에도 생활권 계획 반영 상황을 진단하고 평가해서 반영할 계획이다.

이와 관련해 서울시는 주거시설이 낙후됐거나 기반시설이 열악한 지역생활권 중 2~3곳을 시범지역으로 선정해 이슈별 목표와 실천전략의 실제 진행상황을 평가하고, 개선대책을 마련해 향후 계획에 활용할 예정이다.

서울에 오래 살아온 사람들은 느낄 것이다. 이 생활권 계획이 얼마나 구체성을 지닌 자료인지 말이다. 이 자료를 살펴보면 한 지역에 오래된 사람들이라면 고개를 끄덕일 내용이 상당히 반영돼 있다. 그만큼 이번 서울시 생활권 자료는 지자체의 지역 계획을 총괄한 자료이기에 그 실효성이 높다고 하겠다. '2030 서울 생활권 계획'에서 10년 후 서울의 변모를 꿈꾸는 것이 매우 행복하다.

상상으로 본 10년 후 주거문화

2030년의 주거문화는 사물과 사물이 인터넷으로 연결되는 사물 인터넷이 큰 영향을 미친다. 이러한 주거문화에 접목하는 용어가 사물 인터넷 하우징(주택)이다. 현재에도 신축 아파트에 적용되고 있는데, 화장실 변기에 그 날의 건강상태를 알려주거나 이에 따른 알맞은 식사와 운동을 권해준다. 또한 천편일률적인 아파트 평면을 지양하는 '핏 사이징(Fit-sizing)' 아파트가 주거 시장의 새로운 트렌드로 떠오를 것이다. 1인 가구가 늘면서 삶의 질이 보장되는 '적정 공간'을 찾는 소비자가 늘어나고 있기 때문이다. 이러한 주거문화의 트렌드를 고려해 2030년의 주거문화를 상상해 보았다.

사물 인터넷 기반의 주거 문화

서울 서초구 반포동 한강공원 주변의 고층 아파트에 살고 있는 K

인공지능 거울이 본인의 키, 몸무게, 체지방 정도를 분석해준다.

씨. 환갑의 나이지만 2030년에는 아직 이팔청춘이라는 사회적인 분위기가 높다. 당연히 그는 제1의 직장에서는 은퇴했지만 인생이 모작으로 중국인 대상 비즈니스를 한다. 그가 하는 일은 국내에 중국인 관광객이 들어오면 이를 가이드하는 역할인데, 기존 중국교포들이 하는 것보다 한국 콘텐츠가 많아 그를 좋아하는 중국인들이 많다. K씨는 아침에 일어나면 인공지능 거울 앞에 선다. 몸무게·키·체지방 정도가 스캐닝돼 거울에 나타난다.

"K님, 요즘 체지방이 느셨네요. 40분 정도 뛰는 게 좋겠네요"

사이버 헬스코치의 권고에 따라 K씨는 가상 운동기로 이동했다. 영국 맨체스터에 있는 맨체스터 대학을 클릭하자 눈앞에 캠퍼스가 펼쳐졌다. 그는 영국 유학시절을 떠올리며 캠퍼스 주변을 뛰기 시작했다. 식사를 마친 후 옷장을 열자 화창한 오늘 날씨에 맞는 트렌디한 양복을 추천해 입었다. 아파트 내 풍력으로 작동하는 엘리베이터를 타고 지하 주차장으로 나온 K씨는 전기 차에 시동을 걸고 합정역에 있는 중국인 관광객이 모이는 엔터테인먼트 대형 체육관을 향했다.

그 날 저녁 K씨는 사무를 보고 오랜만에 아들을 만나기로 했다. 반포동 한강 주변의 공유주택에 거주하는 아들 C씨는 서른 살을 훌쩍 넘겼음에도 불구하고 결혼은 안 하고 셰어하우스에 만나는 또래 직장인들과 즐거운 시간을 보낸다고 한다.

미디어 테마 공유주택에서 생활

C씨의 공유주택은 미디어 종사자들이 모인 공간이다. 미디어 셰어하우스라는 테마 하우스로 5명이 모인 이 공간은 진보적 팝캐스트 방송의 기자로 활동하는 C씨에게 여러모로 유익하다. 왜냐하면 방송국 기자, 신문사 기자들이 함께 모여 있어 정보도 교류하고 시시콜콜한 이야기도 나누며 편안하게 맥주 한잔 할 수 있어서 좋다. 5명은 U-KEY라는 첨단 열쇠를 꼭 지닌다. 이것을 잃어버리기라도 하면 좀 피곤해진다. 5명의 생활공간은 보안이 철저한 편이다. 이 U-KEY를 누르면 셰어하우스 주변 수십 대의 CCTV로 위험한 상황에 대처할 수 있다. 재미있는 것은 스마트폰으로 자신의 셰어하우스 거실을 볼 수 있어서 C씨와 특히 친한 L씨라도 보이면 그는 달려가기 일쑤다. 마음이 통해야 친구다.

아파트 옥상정원에서 아들과 수다

K씨는 아들과 만나 오랜만에 수다를 떨었다. 그가 선택한 공간은 아파트 최상층에 마련된 스카이라운지. 10여 년 전 한국인에게 인기가 높았던 제이슨 므라즈의 '아임 유어즈'를 들으면서 와인을 마셨다. 아름다운 한강을 바라보면서 먹는 레드와인과 고기는 아주 맛이 있었다. 이때 K씨의 스마트폰으로, 사이버 비서가 부드러운 목소리로 그의 인감도장이 사용되고 있다고 알려준다. 그의 인감도장은 메모리칩이 들어가 있어 다른 사람이 사용하면 주인에게 알려주는 최첨단 도장이다. 부산에 내려간 그의 아내가 콘도 계약을 하는 모양이었다. 그는 아들과 헤어지기 전 집에 있는 청소용 로봇인 청미에게 스마트폰으로 신호를 보냈다. 쾌적한 공간에서 잠을 청하고 싶었기 때문이다. 9월의 날씨인 만큼 약간의 난방도 스마트폰으로 전달했다. 바로 앞에 보이는 한강의 풍경은 10여 년 전이나 지금이나 여전히 아름다웠다.

2030년 유비쿼터스 주거공간이 온다

할리우드 영화 시리즈 중 〈터미네이터〉가 있다. 2015년 개봉된 〈터미네이터 제니시스〉는 전편보다 큰 스케일로 많은 사람들의 관심을 받았다. 그런데 이 영화가 진짜 눈길을 끄는 것은 인간과 기계와의 전쟁을 다룬다는 점이다. 지금도 기계와 컴퓨터가 인간을 대체하고 있는데 미래에는 컴퓨터 기반인 기계를 잘 다루지 못하면 인간이 오히려 기계에 몰릴 수도 있다는 것을 영화는 보여주고 있다. 이를 방지하기 위해서라도 기계를 언제 어디서도 능수능란하게 다룰 수 있는 유비쿼터스 환경이 필요하다.

보안과 센서시스템이 핵심기술

유비쿼터스(Ubiquitous)의 사전적 의미는 '어디에나 있는'이라는 뜻이다. 여기에 '언제든지'라는 시간적 개념이 추가되면서, 일반적으

일본의 로봇호텔. 일본에는 로봇이 체크인 수속을 도와주고 손님의 짐을 객실까지 옮겨주며, 전등을 켜고 알람까지 설정해주는 호텔이 등장했다.

로 유비쿼터스를 정의할 때 '언제, 어디서나'라는 표현을 많이 쓴다. 유비쿼터스 컴퓨팅과 네트워크를 기반으로 시공간을 어느 정도 초월 한다는 의미이다.

주거공간의 변화

유비쿼터스는 사회 각 부문에서 전방위적으로 일어나겠지만 주거공간에도 큰 변화를 가져온다. 집안에서는 거울, 옷장, 침대 같은 다양한 가구에 디지털 기기가 결합된다. 또 책상이나 벽 자체가 소리를 발생시키는 스피커 진동판이 되기도 한다. 청소용 로봇이 우리의 가사를 도와줘 맞벌이 부부의 수고를 덜어주기도 한다.

보안시스템과 센서시스템

유비쿼터스 주거문화의 핵심기술은 홈 네트워킹과 홈오토메이션 등의 디지털기술과 네트워크 가전, 센서 및 제어기술, 디지털 콘텐츠 등이 어우러진 첨단 신기술이다. 특히 필수 사항은 보안시스템과 센서시스템이다. 언제 어디서나 장소와 시간에 제약 없이 접근할 때 정상적인 사용자가 아닌 누군가의 접근이 가능하다면 문제가 크기 때문이다. 예를 들어 도둑이 시스템에 접근해서 마음대로 집안의 제품들을 컨트롤할 수 있다면 이는 심각한 상황으로 전개된다.

실제로 유비쿼터스 보안 아파트는 지금도 대세다. 가령 유괴범이 아파트 단지의 놀이터에서 놀고 있는 어린이를 유인한다면 어린이는 아파트 현관문을 열 때 사용하는 첨단열쇠의 비상버튼을 누르기만 하면 된다. 그러면 컴퓨터 프로그램에 따라 단지 내 곳곳에 설치된 수백 대의 폐쇄회로 가운데 현장 주변의 CCTV들이 자동으로 어린이가 있는 곳을 찍기 시작하고, 이 장면은 집 안의 모니터와 스마트폰을 통해서 가족들에게 송출된다. 동시에 경비업체와 관할 경찰서에도 전송된다.

유비쿼터스 보안 아파트

보안 아파트 기술은 지금도 기술개발이 한창이고 향후 더욱 진화된 모습을 띨 것으로 전망된다. 빈집털이가 기승을 부리는 휴가철에도 걱정없는 아파트를 만들기 위한 건설사의 보안 시스템이 진화를 거듭하고 있다.

그중에 셉테드(CPTED) 인증이 있다. 셉테드는 건축물과 주변 환경의 설계 및 디자인을 통해 범죄 심리를 위축시켜 범죄 발생 가능성을 사전에 차단하는 선진국형 범죄예방 기법이다. 한국셉테드학회가 단지 내 범죄 위험 요인과 환경을 종합 심사해 인증을 부여한다.

또한 사각지대를 최소화한 CCTV를 설치하고 지하주차장 내에 비상벨, 단지 내 산책로에 보안등을 설치하는 등 24시간 안전한 단지를 표방한다. 이외에 지금도 일부 개발되고 있는 얼굴인식 시스템도 있다. 출입문 옆에 설치된 얼굴인식 카메라에 얼굴을 비추면 1초 이내에 인증이 완료돼 문을 열어준다. 보안 아파트의 기술개발은 빠르게 진화하고 있다.

서울시 '그린 · 스마트 시티' 조성

서울시는 교통, 환경, 복지, 안전 등 모든 생활에서 유비쿼터스가 구현되는 도시를 만들기 위해 '유비쿼터스 도시 서울 계획'을 수립, 추진해 나가고 있다. 구체적으로 에너지, 취약계층에 대한 보안, 관광 분야 등에서 이런 시스템을 정착시켜 나가고 있다.

국토해양부와 지식경제부 등에 따르면 국내 수십 개 지방자치단체가 '그린 · 스마트 시티'를 추진하거나 계획하고 있다. 송도국제도시, 세종시 등은 도시설계 단계에서부터 이런 개념이 포함돼 도시가 완공됐다.

'그린 · 스마트 시티'가 구축되면 주민들은 환경 친화적인 에너지로 가동되는 정보통신 기기를 통해 언제 어디서나 교통과 안전, 교육, 의료, 복지 서비스 등을 제공받을 수 있다. 이처럼 인간의 삶을 혁명적으로 바꿔 놓을 '그린·스마트 시티'는 관련 산업 파급 및 고용창출 효과가 높다.

외국에서도 도시개발의 대세가 '그린·스마트 시티'다. 미국과 유럽연합(EU) 등 주요 선진국은 이미 도시개발 초기단계부터 친환경적이고 첨단 도시 기능을 갖춘 '그린·스마트 시티' 개발에 주력하고 있다.

다가올 유비쿼터스 주거문화는 이미 상용화된 것도 있으며, 그 발전 속도가 빠른 것이 특징이다. IT를 기반으로 주거문화가 펼쳐지기 때문이다. 이미 당신은 스마트폰이라는 스마트한 기기를 소유하고 있다. 100만 원에 육박하는 이 첨단기기를 혹 음성통화와 간단한 문자 주고받기로만 사용하는가? 그건 아니다. 스마트폰을 능수능란하게 다루는 솜씨야말로 다가올 유비쿼터스 주거문화에 대비하는 일일 것이다.

스마트 그린시티의 발전 과정 자료: LG CNS

U-City는 무엇인가

U-City는 유비쿼터스 컴퓨팅 기술 기반의 도시를 의미한다. 유비쿼터스 정보통신기술을 기반으로 도시 전반의 영역이 통합되고 융합되어 지능적인 도시로 관리된다. 끊임없이 혁신하며 언제 어디서나 원하는 정보와 기능을 얻을 수 있는 친환경, 첨단, 자급자족형, 지속가능한 구조의 새로운 도시개념이다.

U-City의 구성요소는 공간, 시간, 인간, 사물이며, 이를 융합하여 U-City는 편리한 도시, 쾌적한 도시, 즐거운 도시, 발전적인 도시를 향해 가는 특징을 보여준다. 서울 상암 디지털미디어시티도 세계적인 정보미디어산업 집적지와 경제적, 문화적, 환경친화적 최첨단 정보도시를 목표로, 상암지구에 건설된 미디어와 엔터테인먼트에 특화된 신도시이다.

부동산 핵심 입지를 분석하라

서울시 생활권 계획에는 각 권역별로 발전계획이 들어가 있다. 역세권 교통건설부터 산업·일자리, 주거정비, 환경·안전 등 발전 방안이 망라돼 있다. 지역마다 호재가 숨어 있는 것이다. 이러한 핵심 입지를 주목해야 한다. 미래 부동산 투자에서 절대적인 기준이 무엇이 돼야 할까? 여러 가지가 있지만 가장 중요한 포인트는 입지다. 또한 현재보다는 미래에 더 많은 가치가 상승할 지역을 찾는 것이 부동산 핵심 입지의 중요성이다.

인구 유입에 주목하라

이때 눈여겨 볼 부분이 인구유입이다. 유입이 늘어난다는 것은 탄탄한 주택 수요뿐만 아니라 대기업 이전 등의 호재를 동반한다. 인구 유입률이 높은 지역은 부동산 성장 가능성도 높을 수밖에 없다.

특히 인구가 꾸준하게 증가하는 지역을 공략해야 한다.

보통 인구가 증가한다는 것은 일자리와 연관성이 높다. 서울시에서 일자리가 가장 많은 곳은 3지역이다. 도심권의 광화문·종로·을지로 일대, 동남권의 테헤란로를 중심으로 한 강남벨트, 서남권의 여의도를 중심으로 한 금융 벨트를 꼽을 수 있다. 이쪽 지역이 핵심 입지일 수밖에 없다. 일자리가 몰려 있고, 앞으로도 더 많은 일자리가 필요한 지역이기 때문이다. 그런데 같은 지역이라도 교통환경, 교육여건, 생활 인프라, 자연환경 등 세부적인 입지여건에 따라 청약 성적이 달라진다.

최적의 입지 조건은 무엇인가? 좋은 입지를 가르는 기준은 크게 교통, 교육, 편의시설 3가지로 나눌 수 있다. 맹자의 어머니가 자식의 훈육을 위해 세 번 이사했다는 '맹모삼천지교'란 고사처럼 교육여건은 우리나라 특유의 오래된 척도였다. 또한 사람들은 도시가 복잡해지면서 직장과 주거지가 가까운 것을 일컫는 직주근접성을 선호한다. 아울러 교통환경과 생활 편의성을 중시해 원스톱 라이

지하철 9호선 노선도

프가 가능한 편의시설 유무가 점점 중요해지고 있다. 여기에 더해, 최근에는 자연 친화적인 환경과 고학력 전문직 종사자가 많은 중심업무지구 등도 더해지고 있는 추세이다.

신규 교통망도 프리미엄 높여

좀 더 구체적으로 핵심 입지를 살펴보자. 입지 프리미엄은 부동산이 위치한 해당 지역에서만 누릴 수 있는 사회, 경제, 문화적 혜택으로, 일종의 특권으로 볼 수 있다. 입지 프리미엄은 가만히 있어도 집의 가치가 올라가기 때문에 투자 시 가장 중요하게 따져야 할 요소이다.

핵심 입지 중 하나로 프리미엄 상권을 꼽을 수 있다. 도보 거리에 대형 상권이 위치한다면 지금도 집값이 높지만 앞으로도 집값이 더 오를 가능성이 크다. 서울은 신규 대형 상권이 없기에 기존 상권을 더 주목해야 한다.

또한 신규 교통망도 핵심 입지 요소 중의 하나이지만 주거지에서 직장까지 얼마나 빨리 이동할 수 있는 노선인지가 중요하다. 주목할 만한 교통망 노선으로 지하철 9호선 연장 구간을 꼽을 수 있다. 신안산선, 신분당선, 월곶~판교선, GTX-A노선 등도 교통 호재의 요소가 다분히 있다.

2017년 경전철 우이선(강북구 우이동~동대문구 신설동)이 개통됐지만 메인 일자리 지역과 연결되는 노선이 아니다 보니 일대 집값에 프리미엄이 별로 반영되지 않았다. 중요한 것은 도시전철망이 얼마나 빨리 갈 수 있는지 여부이다.

전통적인 학군 입지 이외에도 녹지 및 수변공간 등 대형 공원을 끼고 있는 지역도 부동의 핵심 입지 중에 하나다. 녹지공간이나 수변공간은 사람이 지을 수 있는 건물과 달리 절대 대체할 수 없는 프리미엄이다. 서울의 조망 면에서 가장 뛰어난 한강변을 보면, 지금까지 한강 조망 여부에 따라 같은 단지 내에서 집값이 1억~3억 원 차이가 났지만 앞으로는 더 큰 차이가 날 수 있다.

또한 서울 내 혐오시설이 있는 지역은 향후 더블 프리미엄이 예상되는 곳으로 분석했다. 서울은 입지가 부족하기 때문에 혐오시설 등은 수도권 외곽으로 이전하고 있다. 이때 시설이 사라진 곳은 혐오시설이 제거돼 입지 가치가 올라가고, 새로운 시설이 들어서기 때문에 프리미엄이 두 번이나 반영될 수 있다. 미래 가치가 더 중요한 이유가 여기에 있다.

부동산은 첫째가 입지요, 둘째도 입지다. 입지가 자산가치를 반영한다. 2030 서울시 생활권을 보면 3개 도심권 지역이 나온다. 그 지역에 한 평이라도 땅이 있다면 그 가치는 아주 높다. 하지만 대부분의 사람은 도전하기가 어려운 지역이기도 하다. 그렇다면 5개 권역 중 현재보다는 향후 10년 후의 가치가 늘어날 곳을 찾으면 된다. 116개의 생활단위 계획이 세워져 있는 것이 이번 서울시 생활권 계획이다.

서울을 관통하는 도시철도노선이 답이다

2030년 경기도 일산에 거주하는 J씨(45)는 서울 강남의 삼성동에 위치한 직장에 출근하기 위해서 아침 8시에 일어났다. 세면을 마친 뒤 우유 한 잔과 토스트를 먹고 킨텍스 근처 GTX역에 도달한 시간은 8시 30분. GTX로 일산에서 도심을 거쳐 삼성동역에 도착한 시간은 8시 55분. 역 바로 옆에 위치한 직장에 도착한 시간은 8시 59분. 아슬아슬하게 지각을 면한 그는 상사에게 인사하며 안도의 한숨을 쉰다.

GTX-A 노선을 시작으로 순차적인 착공 예상

일산에서 삼성동까지 20~30분 만에 주파하는 GTX-A노선은 전체 GTX노선 중 가장 빨리 착공을 앞에 두고 있다. 물론 완공까지는 앞으로 10년을 내다봐야 한다. 여러 가지 난관이 있기 때문이다. 그렇지만 수도권 광역교통망에 관한 수요는 분명 있기에 시기가 문제일 뿐 순차적인 착공이 예상된다. GTX는 총 3개의 노선이 대두되고 있다.

GTX 노선 중에 이른바 A노선이라 불리는 일산 킨텍스~강남 삼성~동탄 구간이 가장 먼저 추진된다. 기존 전철로는 일산에서 강남 삼성역까지 1시간 20분 정도 소요됐으나, GTX로는 20분이면 강남 삼성역까지 도달할 수 있다.

또한 순차적으로 GTX B노선은 수도권 방사축 중 통행량이 많은 인천 및 부천축과 서울 도심을 연결하는 노선이다. 인천 경제자유구역, 인천 도심, 경인축, 여의도, 청량리 등에 노선이 연결되며 향후 경인선, 경부선, 경의선, 경원선, 중앙선 등이 수도권 광역철도와 연계돼 교통 수요를 분산하는 효과가 있다. 하지만 B노선은 수도권 광역급행철도 예비타당성조사 결과 사업타당성이 부족하게 나타났다. 이에 국토부는 기존 사업계획을 보완하고 다시 기획해 재추진하기로 했다.

GTX-C노선(의정부~금정)은 서울을 중심으로 남북축으로 가로지르는 노선으로 금정, 과천, 강남권, 청량리, 의정부와 연결된다. 그동안 낙후된 수도권 북부지역과 서울 동부권 교통이 편리해질 것으로 예상된다. 현재 의정부는 강남권으로 이동하려면 차량으로 1시간 40분, 지하철로 1시간 30분가량 소요된다. 그러나 GTX-C노선이 개통되면 강남권까지 30분 내로 이동할 수 있다.

GTX-C노선도 예비타당성조사 결과 경제성이 다소 부족하다는 의견이 나왔다. 그러나 C노선은 B노선과 달리 빠른 시간 내에 사업

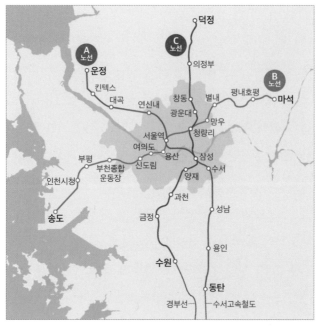

수도권 광역 급행철도(GTX) 노선안

이 재추진될 것으로 보인다. GTX-C노선과 'KTX 의정부 연장 사업'을 연계해 추진하면 경제성이 확보된다는 조사 결과가 나왔기 때문이다.

도시철도 구축시 3번의 투자 기회 생겨

경기도권과 서울시를 관통하는 GTX는 부동산 투자에서 매우 호재다. 이전부터 전철·국철의 신설이나 확장, 연장 등은 부동산 시장에서 뜨거운 감자로 통했다. 이것들은 출퇴근 여건을 대폭 개선시켜 지역발전의 토대가 된다. 그리고 낙후되었거나 주목받지 못했던 부동산에 생기를 불어넣는 촉매제 역할을 하기 때문에 부동산의 가치를 높여준다. 특히 전철이나 국철은 시간 내에 목적지까지 닿는 정확성 때문에 도로 개통보다 더 호재로 받아들여진다. 일반적으로 길이 뚫리고 전철역이 들어설 때는 땅값이 세 번 오른다. 계획 발표 때 한 번 오르고, 공사를 시작하면 다시 오르고, 개통되면 또 오르는 것이 통례다. 하지만 계획단계에서는 정부예산과 정치상황에 따라 개통 시기가 지연될 수도 있다. 개통이 임박하면 주택·토지 값이 많이 오른다는 점을 유의해야 한다.

그러므로 투자 시에는 반드시 해당 정부부처나 지자체를 통해 개발계획을 알아본 후 투자를 하는 것이 안전하다. 토지에 투자할 때는 거래·건축 규제를 잘 살펴봐야 하며, 여유자금으로 장기투자를 해야 한다. 본격적인 지역개발까지는 시간이 걸리기 때문이다. 따라서 도로확충 계획과 전철개통 예정지역, 주변 개발계획을 눈여겨보면 오를 만한 땅을 찾을 수 있다.

서울의 노른자위를 지나는 철도노선

서울 지하철 9호선은 황금색이다. 이 색깔에 걸맞게 서울의 노른자위 지역을 연결하는 노선이다. 이른바 서울 한강 이남을 동서로 잇는 황금 노선으로 불린다. 노선 색 자체가 황금색에 가까운 노란색을 띠고 있는 이유도 있지만 인천공항·김포공항과 서울권 중심을 잇는 급행 노선이기 때문이다.

지하철 9호선 라인 구간은 서울 강서지역(개화역)에서부터 시작해 강남권역을 거쳐 강동지역까지 이어지는 노선이다. 2015년초 2단계 구간 개통이 더해져 기존 강서구 개화역에서 강남구 신논현역까지만 운행됐던 지하철 노선이 '선정릉역~종합운동장역' 5개 더 늘어났다. 신설된 선정릉역은 분당선 환승역으로 이용되고 있다. 또 종합운동장역은 지하철 선(종합운동장역)과 맞닿아 있어 환승이 가능하다. 이 외에도 언주역, 삼성중앙역, 봉은사역이 들어선다.

2단계, 3단계 구간

2단계 구간은 삼성코엑스, 선정릉역, 잠실종합운동장 등 강남 중심권역을 모두 통과하게 된다. 이 노선으로 급행열차를 이용해 김포공항역에서 종합운동장역까지 38분이면 도달할 수 있다. 기존에 한 시간 이상 소요됐다는 점을 감안하면 시간이 절반가량 줄어들 것이다.

3단계 구간은 2018년 말에 개통됐다. 이 구간은 송파구 잠실 삼전사거리부터 시작해 강동구 보훈병원까지 연결된다. 이로써 서울 강서지역에서 강남 중심권역을 거쳐 강동지역까지 잇는 황금노선이 완성된 것이다.

9호선 주변 상황

지하철 9호선 역과 그 지역의 상황을 살펴보자. 강서지역인 공항시장~신방화 구간에는 방화뉴타운이 들어섰다. 이어 마곡나루~양천향교 구간에는 워터프런트*로 조성되는 첨단 복합도시 마곡지구도 조성됐다. 주변이 준공업지역인 당산역은 주택단지로도 새롭게 주목받고 있다.

워터프런트(Waterfront) : 우리말로 '수변공간'이라고 표현할 수 있다. 바다, 호수, 하천 등의 수변공간 자체를 말하기도 하고, 수변공간이 있는 육지에 사람이 인공적으로 개발한 공간을 지칭하기도 한다.

동작~구반포~신반포~고속터미널 구간은 전통적으로 인기가 높은 강남을 대표하는 주거지역이다. 종합운동장역이 들어서는 송파구 잠실동 종합운동장역 주변 아파트 매매시장도 마찬가지다.

임대료 시장도 상한가다. 강남구 역삼동 차병원사거리에 위치한 상가들도 시세가 큰 폭으로 올랐다. 또한 삼성동 코엑스사거리 일대 상가시장도 지하철 9호선 개통에 한국전력 부지 개발까지 더해지면서 훈풍이 불고 있다. 삼성역에서 종합운동장으로 이어지는 지역이 일제히 개발 가시권에 들어왔기 때문이다. 황금노선인 서울 지하철 9호선을 주목해 보자.

2024년 위례신사선 개통

위례신도시에서 서울 강남지역을 관통해 신사역을 연결하는 위례신사선 경전철 사업이 진행되고 있다. 위례신사선 경전철은 위례신도시와 서울 지하철 3호선 신사역을 연결하는 사업이다. 총 길이는 14.83km로 환승역 6개를 포함해 11개 역사가 새로 만들어진다.

위례중앙역에서 출발해 가락시장역(지하철 3·8호선)·학여울역(3호선)·삼성역(2호선)·봉은사역(9호선)·청담역(7호선)·신사역(3호선·분당선)을 지난다.

국토부 승인이 나면 위례신사선 경전철은 민자사업으로 추진된다. 사업비는 약 1조4,253억원에 달한다. 서울시는 당초 오는 2021년 개통 예정을 목표로 했다. 하지만 최근 정부가 내놓은 '민간투자활성화' 방안에 따라 개통시기가 오는 2024년으로 미뤄졌다.

위례신사선 경전철 사업이 본격화되면서 신설 역사 주변 아파트도 주목 받을 전망이다. 위례신사선은 강남 접근성을 크게 높인 노선으로 꼽힌다. 경전철이 개통되면 위례신도시(위례중앙역)에서 2호선 삼성역까지 약 10분이면 갈 수 있다. 지금은 위례신도시에서 삼성역까지 가려면 약 22분 걸린다. 중간에 지하철도 갈아타야 한다. 출퇴근 시간 때 자동차로는 40분 넘게 걸린다.

위례신사선 노선 계획도

신분당선 연장선 노선도

　부동산 관계자는 재건축이 추진되고 있는 송파구 가락시영단지를 최대 수혜지로 꼽는다. 주변 올림픽훼미리타운도 위례신사선 '후광효과'가 클 것으로 예측된다. 법조타운 등 신시가지 개발이 추진되고 있는 문정지구도 경전철 개통에 따른 가치 상승이 기대된다.

　지하철 9호선 2단계 개통은 호재임은 틀림없다. 그러나 2호선 연장 구간에 대한 호재는 주택 가격에 반영된 경향이 있으니 주변 시세와 꼼꼼히 따져보는 게 좋다. 무엇보다 아파트나 빌라를 매입하기 전에 입지여건, 주변 생활 편의시설 및 기반시설, 교통여건, 교육여건, 쾌적성, 개발호재, 적정가격 등을 모두 고려해야 한다. 주택 가격은 호재를 미리 반영해서 먼저 오르는 경향이 있는 반면, 임대 중심인 상권, 오피스 관련 수요는 대부분 실수요이기 때문에 실제로 개통이 가시화된 이후에 가격이 오르는 경향을 보인다.

　아파트나 주택에 관심을 가지고 있는 수요자라면 가격이 높은 지역보다는 낮은 지역의 가격이 오를 여지가 많다는 점을 유념해야 하고, 주택 가격이 높은 강남 등은 아파트나 주택보다는 상가나 건물 등에 관심을 가져보는 게 유리하다.

도시철도 계획은 도시기본계획안에 담겨진다. 도시기본계획은 국토의 한정된 자원을 효율적이고 합리적으로 활용하여 주민의 삶의 질을 향상시키고, 도시를 환경적으로 건전하고 지속 가능하게 발전시킬 수 있는 정책방향을 제시해 장기적으로 발전하여야 할 구조적 틀을 제시하는 종합계획이다. 도시기본계획안에는 도시의 장기 발전계획과 청사진 등이 구체적으로 나와 있는데, 투자자 입장에서는 이러한 도시기본계획을 파악하면 리스크를 줄여 안정적인 투자를 할 수 있다.

역세권이 부가가치가 높아지는 것은 땅의 용도가 주거지역에서 상업지역으로 바뀌어 토지의 이용도가 높아져 땅값이 올라가기 때문이다. 땅의 용도는 국토의 계획 및 이용에 관한 법률에 규정되어 있다. 국토는 토지의 이용실태 및 특성, 장래의 토지이용 방향 등을 고려해 도시지역, 관리지역, 농림지역, 자연환경보전지역 등 크게 4가지 용도로 구분돼 있다. 투자자는 이러한 지역의 성격을 파악해 투자 시 잘 활용해야 한다.

진학률과 대형학원이 같이 가는 학세권

학세권의 시초는 '강남 학군'이라고 볼 수 있다. 1970년대 당시 정부의 강남 개발은 서울시민을 한강 이남으로 이동시키는 것이 정책 목표였다. 그럼에도 서울 인구가 강남으로 이전하지 않자 강북에 있던 명문 고교들을 강남으로 이전시켰다. 결국 종로구에 있던 경기고의 강남구 이전을 시작으로 서울 도심에서 이전한 학교 20곳 가운데 15곳이 강남·송파 등 이른바 강남권으로 이전했다. 이후 보다 좋은 교육을 받으려는 부모들의 의지로 강남 주거 이전이 촉진돼 지금의 강남 8학군이 탄생된 것이다.

학세권은 학교와 학원가 등을 보도로 이용할 수 있는 권역을 뜻하기도 한다. 특히 초·중·고교를 모두 품은 아파트 단지는 인기가 매우 높다. 그 예로 서울 송파구 리센츠(주공 2단지) 아파트는 초등학교를 비롯해 중학교와 고등학교가 단지 내에 모두 갖춰져 있다. 이에 이 단지의 3.3㎡ 당 평균 가격은 중학교가 빠진 인근 아파트에 비해 시세가 소폭 높다. 이른바 학세권이 반영된 결과이다.

학세권 아파트는 스테디셀러

학세권은 최근 신규 분양시장에서 더욱 중요해졌다. 기본적으로 자녀 수가 적은데다 자녀 교육에 대한 의욕이 높기 때문이다. 이에 학세권에 자리하는 아파트는 스테디셀러로 꼽힌다. 일반적으로 수요가 충분하고 거래가 활발해 환금성도 뛰어나서이다. 도보 통학이 가능해 자녀의 안전도 확보된다는 점도 학세권 아파트가 주목받는 이유이다. 유해시설이 일대에 없는 만큼 주거환경이 쾌적한 점도 학세권이 수요층의 인기를 끄는 요인이다.

아파트 구입 시 고려하는 여러 요소 가운데 자녀를 둔 부모라면 무엇보다 '아이'가 우선순위가 된다. 특히나 맞벌이 부부에 외동자녀만 둔 소가족이 늘면서 최근 부동산 스테디셀러는 대부분 아이 키우기 좋은 환경을 가진 아파트다.

아이키우기 좋은 아파트가 주목받으면서 생겨난 신조어도 있다. 바로 '초품아' 아파트다. '초품아'는 '초등학교를 품은 아파트'의 줄임말이다. '초품아' 아파트는 유치원이나 초등학교가 아파트 바로 앞에 위치해 자녀들이 걸어서 안전하게 통학할 수 있는 환경이 조성되어, 어린 자녀를 둔 소비자들에게 '초품아'의 여부는 중요한 고려 요소다. 학교를 가까이 둔 단지의 수요가 많은 만큼 시세 또한 주변보다 높게 책정되어 거래되고 있다.

서울시의 학군과 지역

서울의 학군은 1999학년도부터 11개로 이루어져 있고 각 학군의 지역은 다음과 같다. 다만 2010년부터 고등학교 정원의 20%에 달하는 인원을 학군에 관계 없이 고등학교 지망에 따라 선발하는 광역학군제가 시행되고 있다.

- 동부교육지원청(1학군) - 동대문구, 중랑구
- 서부교육지원청(2학군)- 마포구, 서대문구, 은평구
- 남부교육지원청(3학군) - 구로구, 금천구, 영등포구
- 북부교육지원청(4학군) - 노원구, 도봉구
- 중부교육지원청(5학군) - 용산구, 종로구, 중구
- 강동송파교육지원청(6학군) - 강동구, 송파구
- 강서교육지원청(7학군) - 강서구, 양천구
- 강남교육지원청(8학군) - 강남구, 서초구
- 동작관악교육지원청(9학군) - 관악구, 동작구
- 성동광진교육지원청(10학군) - 광진구, 성동구
- 성북교육지원청(11학군) - 강북구, 성북구

학교중심의 학세권 전략

중학교부터는 본격적으로 면학 분위기가 중요해진다. 초등학교는 덜하지만 자녀가 중학교에 진학하게 되면 부모들은 본격적으로 대입을 생각하게 된다. 이때 중학교, 고등학교는 무조건 가까운 거리보다는 면학 분위기와 특목고, 자사고, 명문대 진학률을 따지는 경우가 많다. 특히 요즘은 특목고, 자사고의 명문대 진학률이 높아지면서 오히려 좋은 중학교 학군이 더 중요해지는 경향도 있다.

또한 일반 고등학교 학군 중요도가 예전보다는 많이 약화되긴 했지만, 그래도 전통적인 명문 고등학교의 선호도는 여전히 높은 편이다. 좋은 고등학교 진학률이 높은 중학교, 명문대 진학률이 높은 고등학교 주변 아파트를 찾는 수요는 여전히 많아서, 자연히 시세 또한 높게 형성되어 있다.

실제로 마용성(마포구, 용산구, 성동구)로 핫한 마포의 경우 전세가가 매매가를 70%에 육박할 정도로 세입자들 대다수가 소득 수준이 높다. 현재 이 지역 학원가와 교육열이 엄청 나 신흥 명문 학군으로 변모할 가능성이 높다. 강동·고덕·성동 등의 도심재생 및 재개발 사업지도 지켜볼 필요가 있다. 특히 고덕은 서판교 느낌이 들 정도로 고급을 지양한다. 부자들이 마을을 이루면 명문 학군 형성도 가능하다. 아이가 아직 어린 가구는 재건축 안전진단 강화로 절차가 지연된 단지를 10년 이상 바라보고 역으로 매입하는 것도 방법이다.

자녀 교육의 최종 목표인 좋은 대학 보내기는 5, 6년 전부터 준비해야 한다. 아이가 중학교 들어갈 때 대입 전략을 미리 확인하고 그에 맞는 부동산 계획을 세워야 한다. 이러한 프레임을 짠다면 학세권 주택 전략이 필요하다.

학원 중심의 학세권 전략

요즘은 학원가 또한 중요하다. 어디서부터 잘못되었는지 모르겠지만, 공교육이 무너지면서 주도권이 사교육으로 넘어가 버렸다. 고등학교에서 야간자율학습을 강제로 하기도 어렵고, 하더라도 참여하는 학생들이 많지 않다.

70~80년대 최고 인기 지역이었던 여의도 아파트 가격이 2,000년대 들어 목동에 뒤처진 이유는 바로 학원가 때문이다. 여의도는 초, 중, 고등학교만 있고 학원가가 형성되어 있지 않지만, 목동은 강남과 더불어 우수한 학원가가 있어 인근 지역에서 수요가 꾸준히 유입되면서 여의도를 넘어섰다.

단지 학원이 많다고 해서 학원가가 잘 형성되었다고 보는 것은 아니다. 학원 중에서도 유명한 대형 학원이 밀집된 학원가가 형성되어 있느냐가 교육환경에서 학군 못지않게 중요한 요소가 되고 있다. 유명 학원가와의 접근성이 아파트 가치에 영향을 주고, 전셋값 또한 강세를 보인다. 학원가가 형성되어 있는 강남 대치동의 경우, 방학이 되면 학원의 방학특강 때문에 학원가 주변 단기 월세가 동이 나기도 한다.

서울의 대표적인 학세권인 대치·목동·중계 학원가는 불변할 것이다. 그렇게 대규모로 인프라를 갖추고 주변 지역을 흡수하는 학원가가 또 생기는 것은 현실적으로 어렵다. 이들 지역을 중심으로 거주하거나 수시 관리를 잘해주는 고교를 중심으로 부동산을 고민해야 한다. 특히 특목고 때문에 상위권 학생을 뺏겼던 학군 중 이과 중점 학교에 주목할 필요도 있다. 이왕이면 전통 명문고 주변 동네를 선택하는 것도 좋다. 아무래도 이들 학교는 학생 관리가 잘되고 선배들의 평도 좋아 입학사정관들이 전반적으로 높은 점수를 주는 경향이 있다. 튼실한 학원가를 살피는 것이 중요하다.

새로운 상권을 주목해야 투자처가 보인다

서울시는 '서울시 생활권 계획'을 발표하면서 지역별 자족성을 강화하고 지역 균형 성장을 위한 정책이라는 점을 거듭 강조했다. 생활권 계획에는 총 75개 중심지별 발전방향과 관리방안에 대한 가이드라인이 담겨 있다. 향후 공공·민간에서 중심지에 대한 지구단위계획이나 개발계획을 수립할 때 이번 계획안을 바탕으로 하겠다는 방침이다.

특히 2030년까지 중심지 내에 상업지역 총 192만㎡를 새롭게 지정해 지역 불균형 해소와 지역 활력의 촉매제로 삼는다는 계획이다. 시는 지역별 인구, 일자리, 상업지역 비율 등을 고려해 배분 물량(134만㎡, 유보물량 제외)의 70% 이상을 그동안 상대적으로 낙후·소외됐던 동북권(59만㎡)과 서남권(40만㎡)에 배분했다.

이처럼 새롭게 상업지역이 생기는 지역을 중심으로 상권 전략을 잘 활용한다면 향후 투자가치가 많은 상권의 수혜를 볼 수 있는 기회가 생긴다.

구 상권의 몰락을 살펴봐야

불황 무풍지대로 대표되는 대학가 상권도 옛말이 되고 있다. 학령 인구 감소로 입학정원이 줄면서 통폐합하거나 폐교하는 대학이 속 속 생겨나고 있어서이다. 특히 지역 경제와 상생하는 구조를 띠고 있는 지방 대학의 경우 상권 붕괴와 공동화 현상 등도 나타난다.

　실제 전북도에 자리한 서남대학교가 폐교하며 대학 주변은 유령 도시처럼 스산하고 황폐해졌다. 1,000여명의 학생들이 뿔뿔이 흩 어지면서 학교 주변 상가 78개소와 원룸 42개소가 사실상 문을 닫 았고 지역 경제는 초토화됐다. 앞서 2,500여 명의 젊은이들로 활 기가 돌던 강원도 양양의 가톨릭 관동대학교 양양캠퍼스 일대도 2008년 폐교 후 10년이 지난 현재 주변은 적막감만 감돌 뿐이다. 서울에 있는 대학들도 정원감축의 무풍지대가 아니다. 대학 발전 에서 도태되는 대학의 인원감축으로 인해 대학가 상권의 황금기는 지나가고 있다.

　수 만 명의 청년들이 공무원의 꿈을 안고 불을 밝히며 형성된 일 명 '고시촌 상권'도 위태롭다. 학원 수강료 등 비용 부담을 느낀 고 시생들이 무제한 수강 등 프로모션을 내건 인터넷 강의(인강)으로 몰리고 있어서이다. 소상공인상권정보시스템에 따르면 2017년 하 반기 국내 최대 고시촌 상권인 노량진 고시촌(노량진1동) 일대 상점 폐업률은 8.6%로 나타났다. 이는 같은 시기 서울 전체(4.3%)의 두

배 수준이다. 앞서 지난 2004년 로스쿨 도입으로 고시족들의 성지로 군림했던 신림동 상권도 큰 타격을 받은 바 있다.

40여 년의 역사를 지닌 노량진 학원가는 연간 5조원이 움직이는 큰 상권이었지만 공시생들이 하나둘 떠나면서 기반이 무너지고 있다. 이와는 대조적으로 국내 인터넷 강의 규모는 최근 몇 년 새 급성장하고 있다.

새로운 상권의 부상

반면 의세권이라고도 불리는 메디컬 상권은 삶의 무게 중심이 '질의 향상'으로 이동하는 변화와 맞물려 가치가 더욱 높아지고 있다. 특히 대학병원은 지역 가치까지 업그레이드시키고 있다. 연세대학교 세브란스병원 바로 옆, 서대문구 대신동 상가건물의 2004년 개별공시지가는 1㎡당 220만 원이었는데 병원 개원 시점인 2005년에는 308만원으로 1년 새 40%가 올랐다. 구로동 역시 고대 구로병원을 중심으로 유동인구가 활발하며 지역 경제 활성화에 일조하고 있다.

더욱 중요한 것은 임대료 변화다. 메디컬 상권 임대료는 꾸준하고 안정적이다. 서울시 상권정보에 따르면 강남 세브란스 병원 인근의 분당선 한티역 일대 상권 임대료는 몇 년 동안 평균 49.95%가 상승했다. 구로 고대병원 인근에 위치한 대림역 일대 상권 임대료 역시 21.23%가 올랐다.

100세 시대를 맞아 양질의 의료 서비스를 이용하려는 장·노년층 수요의 증가가 메디컬 상권의 가치를 높이는 데 한 몫 하고 있다. 급증하는 수요에 비해 특히 수도권은 대학병원이 들어설 곳이 마땅치가 않다. 덕분에 메디컬 상권은 그 희소가치와 맞물려 프리미엄도 상당하다. 또한 메디컬 상권은 대체로 대형 프렌차이즈가 직영으로 운영하려는 곳이 많아 일반인이 선점하기에는 한계가 있는 것이 사실이다.

이러한 흐름을 본다면 서울 서대문구 홍제동 골목이 주목된다. 이곳은 의료특화거리로 재탄생한다. 의료특화 목적의 도시재생이 시도되는 것은 홍제동이 처음이다. 서대문구는 홍제역 일대를 재생하기 위한 '홍제권 도시활력증진사업 기본계획 수립'을 세웠다. 대상 구역은 홍제역 인근 20만m^2로 이곳을 의료산업 특화지역으로 재생해 지역 경제를 활성화시키는 것이 목표다. 이처럼 서울시 생활권 계획에서 새로 부각되는 상권 지역을 조망해 내는 관점이 필요하다.

삼성동, 사당-이수 복합환승센터 주목

주목할 만한 또 다른 상권은 복합환승센터이다. 복합환승센터는 전국구를 잇는 교통망을 기반으로 콤펙트한 입체도시로 설계돼 도심에 활력을 불어넣고 있다. 복합환승센터란 열차, 항공기, 선박, 지하철, 버스, 승용차 등 교통수단 간의 원활한 연계 및 환승 활동과 상업, 업무 등 사회경제적 활동을 복합적으로 지원하기 위해 환승시설과 환승지원시설이 한 곳에 모여 있는 시설이다. 법으로는

삼성동 복합환승센터

국가통합교통체계효율화법의 적용을 받는다. 일반적으로 공항이
나 항구, 철도역은 이전하기가 쉽지 않기 때문에 지역의 주요 교
통거점으로 활용해 버스터미널이나 도시철도(지하철)역을 건설하
고 일반 버스정류소를 옮겨와 하나의 환승센터로 건설하는 경우가
많다.

현행법상 복합환승센터는 3가지로 분류된다. 국가기간교통망의
구축과 환승을 위해 건설되는 국가기간복합환승센터, 권역 내 환
승 교통 처리를 위해 들어서는 광역복합환승센터, 지역 내 환승교
통을 처리하는 일반복합환승센터이다. 국가기간복합환승센터가
가장 규모가 크고 이어 광역복합환승센터, 일반복합환승센터 순으
로 규모가 형성된다. 현재 국가기간복합환승센터로 지정된 곳은
인천공항, 서울역, 제주공항, 대전역(BRT), 부산역 등으로, 대도시
의 국가기간교통시설을 중심으로 하고 있다.

서울시 생활권에서 주목할 복합환승센터는 먼저 영동대로 지하
에 들어서게 될 삼성동 복합환승센터이다. 이곳은 지하철 2호선 삼
성역과 9호선 봉은사역 사이에 들어설 예정으로 GTX와SRT, 위례
신사선 등 다양한 노선의 철도와 도시철도가 통과할 계획이다. 여

기에 서울시는 현대자동차 사옥인 GBC, 코엑스 등 주변 상권과 연계한 복합개발을 하면서 영동대로 지하화, 그리고 그 상부는 공원화할 계획이다.

또 하나는 사당-이수역 복합환승센터이다. 이곳은 서초구 방배동 507-1 일대의 $11,777m^2$ 규모의 주차장 부지와 $13,500m^2$ 규모의 지하광장(일반 3종 주거지역)을 복합환승센터를 비롯해 주거·업무·편의시설을 짓는 복합개발사업이다. 복합환승센터가 건립돼 지하철과 광역버스를 한 번에 갈아탈 수 있게 되면 사당역 일대의 혼잡과 교통 체증이 완화될 전망이다. '교통지옥'이 '교통천당'으로 바뀌는 것이다. 주변 시세에도 긍정적인 영향을 미칠 것으로 예상된다.

친환경 주거지역과 숲세권의 인기가 온다

2031년 새로운 친환경 아파트에 입주한 N씨는 집에 올 때마다 마냥 즐겁다. 현관문을 열고 들어서면 유리창에 아파트 단지 내 발전설비가 하루 동안 생산한 전력 생산량과 이를 외부에 판매해 얻을 수 있는 수익금이 반겨주고 있기 때문이다. 세대 당 월간 30여 만원의 전력 판매비용으로 아파트 관리비를 충당하고도 매달 10여

한강 7개 권역 구상도

만 원 남짓한 돈을 관리사무실에서 보내준다. 또한 주말만 되면 아파트 뒷산에 올라 북한산을 바라보면서 숲속 공기를 만끽한다. 공기도 좋고, 내실도 있다.

숲이 가져다주는 축복인 생명

다가올 미래에는 이른바 '숲세권'이라 불리는 숲과 인접한 주거지역이 인기가 높을 것이다. 또한 친환경 설비와 주거문화의 확산으로 환경 친화적인 아파트 등이 각광을 받을 전망이다. 무엇보다도 숲을 비롯한 자연은 인간에게 건강을 가져다주고 생명의 소중함을 알게 해준다. 특히 아이를 키우는 부모에게는 숲이 가져다주는 장점이 크다.

2030 서울시 생활권에도 자연환경에 최적화된 지역이 존재한다. 서울의 5개 영역 중 숲세권을 찾으면 된다. 도심권에도 용산지역은 서울에서 가장 큰 공원이 들어설 부지가 기다린다. 도심권에도 숲세권의 관점에서 보면 좋은 입지를 가진 지역이 있다.

서울시 권역 중 비교적 외곽에 보금자리를 갖고 있는 친구 B가 있다. B 부부는 아이들을 위해 도심에 인접한 숲이 있는 곳에 아파트를 얻었다. 주말만 되면 그들 부부는 자녀를 데리고 인근 숲에 가서 아이를 놀게 한다. 숲에 가면 깨끗한 공기를 마시고, 맑은 바람을 쐴 수 있고, 세상에 단 하나뿐인 자연물을 만지며 놀 수 있다는 것이 그들의 지론이다.

실제로 '피톤치드 효과'*가 있다. 나무와 숲에서 뿜어져 나오는

피톤치드 효과: 피톤치드(Phytoncide)는 식물을 의미하는 피톤(Phyton) 과 살균력을 의미하는 치드(Cide)의 합성어이다. 테르펜이라는 물질을 주성분으로 가진 이 물질은 숲속의 향긋한 냄새를 만들어낸다. 인간에게 심리적인 안정감을 주고, 피부를 소독하는 약리 작용도 한다.

피톤치드로 인해 면역력 강화, 스트레스 완화, 심폐기능 강화 등의 효과를 거둘 수 있다.

에너지의 자급자족을 가져올 그린 아파트

친환경·저에너지 등 '그린(Green)'은 다양한 미래주거의 복잡한 트 렌드 속에서 일관되게 핵심 가치가 될 것이다. 아파트 역시 친환경 테마가 뒷받침될 것으로 보인다.

그린 아파트는 바람과 태양열, 태양광, 지열 등을 이용한 에너지 소비 제로 아파트에 그치지 않는다. 대규모 발전소에서 전력을 끌 어다 사용하는 것이 아니라 역으로 주거지에서 자연을 이용한 에 너지를 생산, 에너지를 자급자족하게 될 것이라고 전망한다.

단지 내 놀이터에서는 어린이들이 놀이기구를 이용할 때마다 신 나는 동요가 스피커를 통해 나오지만 전기요금 걱정은 없다. 단지 내 태양광 발전을 통해 생산된 전력을 사용하는 까닭이다. 실내 내 부 온도를 낮추거나 높이기 위해 필요한 에어컨 작동과 보일러 가 동도 필요 없는 설비에 불과하다. 지하 깊숙한 공간에 설치한 지열 냉난방 설비로 연중 내내 무료로 찬바람과 더운 바람을 집안으로 끌어들여 사용하기 때문이다.

그린 아파트가 아파트 내 환경을 말한다면 숲세권은 밖의 환경을 일컫는다. 숲세권은 주거지역과 산이 가까운 쾌적한 주거환경을 누리면서 산책과 운동 등 다양한 여가 활동을 즐길 수 있다. 아파트 고층의 경우 산을 바라보는 자연 조망도 가능해 프리미엄이 형성되기도 한다.

숲세권 아파트의 인기에 주변 산과 단지를 연계해 녹지축을 조성하는 단지가 증가하고 있다. 산책로를 조성해 입주민들이 편리하게 산으로 이동할 수 있게 하거나 테마별 조경시설 등을 설치해 입주민들의 주거 만족도를 높이고 있다.

숲세권 아파트의 인기 분양 현황

실제로 숲세권 아파트의 인기는 분양 실적에서 증명된다. 봉산과 인접해 있는 서울 은평구 'DMC 롯데캐슬 더 퍼스트'는 평균 38대 1로 인기를 실감케 했다. 서울 마포구 '공덕 SK리더스뷰'는 6.3km 경의선 숲길 프리미엄으로 일찌감치 수요자들의 눈길을 끌며 평균 34.6대 1의 높은 경쟁률을 거두며 완판됐다. 강남구에서 비교적 숲세권으로 인정받고 있는 '래미안 강남 포레스트'는 역세권이 아님에도 불구하고 1순위 청약에서 234대 1의 높은 경쟁률을 기록하기도 했다.

미래환경의 전망

얼마전 메르스 공포를 잊을 수가 없다. 이러한 신종 감염병이 자주 발생하는 원인 중 중요한 것이 환경오염이다. 환경오염은 인간의 활동으로 인해 환경의 고유기능이 상실되는 것으로 대기오염, 수질오염, 해양오염, 방사능 오염 등이 있다. 문제는 이러한 환경오염의 정도가 미래에 더욱 심해질 것이라는 데 있다.

반대급부로 인해 환경의 중요성이 더욱 대두되면서 친환경 주거문화에 대한 관심이 높아질 것으로 전망된다. 친환경 주거문화의 수요가 늘수록 부가가치는 높을 수밖에 없다. 지금부터 친환경 지역을 선택해 보는 것도 유의미한 결정일 수 있다.

실제로 녹지가 미세먼지를 줄인다는 과학적인 근거도 나오고 있다. 국립산림과학원이 2018년 미세먼지가 심했던 4월과 5월 사이 서울 홍릉숲과 숲에서 $2km$ 떨어진 도심에서 부유 먼지와 미세먼지 농도를 측정한 결과를 발표했다. 이를 보면 홍릉숲 미세먼지 농도가 도심보다 최대 40.9 퍼센트까지 낮게 측정됐다. 과학원 측은 숲의 나무가 먼지를 흡착하고 대기오염가스를 흡수, 공기를 정화했기 때문이라고 이유를 밝혔다.

세계보건기구(WHO)에 따르면 미세먼지로 인한 전 세계 조기 사망자 수는 약 700만 명으로 추산되며, 이는 담배로 인한 조기 사망자 수보다 많다고 한다. 따라서 숲세권, 공세권 등 녹지 인근 아파트의 인기는 더욱 높아질 것이라는 것이 전문가들의 공통된 견해이다.

서울시 역세권 부가가치를 주목하라

최근 일본에서 정년을 맞이하는 세대는 이른바 단카이 세대(1947~
50년에 태어난 일본 베이버부머이며, 3년간 약 650만 명이 태어났다)로 명
명한다. 2000년대 중반부터 정년퇴직을 시작한 단카이 세대는 은
퇴 후에 살 곳으로 교외가 아닌, 도쿄와 같은 도심을 선택한다.

그들이 도심을 선호하는 이유는 생활편의시설이 갖춰진 다양한
도심의 기능을 즐기기 위해서다. 세탁, 택배 등 다양한 생활지원 서
비스와 각종 문화시설, 건강 유지를 위한 피트니스 센터 등 도심의
장점을 최대한 이용하겠다는 것이다.

일본의 저성장, 저금리, 초고령화 사회라는 키워드가 우리도 낯
설지 않다. 이미 경제성장도 더디고, 저금리와 노인인구 증가가 급
속도로 이뤄지는 것이 한국이다. 일본 신도시의 빈집 증가 현상과
단카이 세대의 도심 선호에서 우리 미래의 변화를 가늠해 보는 지
혜가 필요하다.

도시 생산성과 편의시설이 임대료 상승의 원인

서울만 해도 서울시 생활권 계획에는 한양도성의 역사를 잇는 종로 주변, 강남, 여의도 등 3개의 도심을 중심으로 갈 것임을 분명히 하고 있다. 도심의 부가가치는 베드타운이 아닌 일자리가 그곳에 집중돼 있다는 점에서도 확인할 수 있다.

강남을 보자. 부가가치를 만들어내는 생산시설이 없는 지역보다는 부동산 시장이 탄탄할 수밖에 없다. 에드워드 글래이서 등의 하버드 대학 교수들은 『소비도시』에서 도시의 임대료 프리미엄은 도시 생산성 프리미엄과 도시 편의시설 프리미엄의 합산에 의해 결정된다고 한 바 있다. 도시의 생산성이 올라갈수록 문화공간과 쇼핑, 교통 등 각종 편의시설이 잘 갖춰질수록 도시 임대료는 올라간다는 것이다. 화이트칼라층으로 대별되는 광화문 근처, 강남, 여의도라는 도심의 중요성은 더 말할 나위가 없다.

역세권은 개발방식과 투자시기 조율이 관건

도심 중에서도 역세권은 더욱 부가가치가 높은 곳이라고 볼 수 있다. 우리나라에서는 역세권의 범위를 여러 법령상으로 정의하고 있다. 도시계획법에서는 철도역을 중심으로 반경 500m 이내의 지역, 도시철도법에서는 시·도지사로부터 역세권 개발 사업계획의 승인을 얻은 지역으로 규정하고 있다.

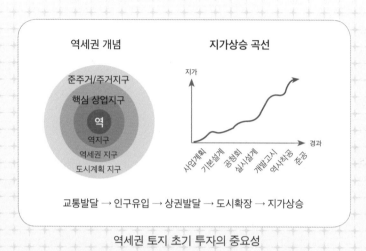

역세권 토지 초기 투자의 중요성

외국의 역세권 범위 : 미국 LA는 도심지역과 비도심지역으로 나누어 비도심지역은 530미터, 도심지역은 800미터 이내로 설정하고 있다. 일본 오사카 같은 경우에는 역사를 등급별로 구분해 360미터, 540미터, 720미터로 구분하기도 한다.

개발과 투자 대상으로서 역세권을 판단할 경우 : 거리상으로 분류하기보다는 주거 중심 기능의 역세권, 상업·업무 중심의 역세권 등 기능적으로 분류해 투자 가치성을 고려하는 것이 타당하다.

역세권 투자 시 주의할 점 : 투자시기와 개발방식에 대한 정보다. 아무리 좋은 위치의 토지라 하더라도 수용개발방식이면 현재 거래되는 가격에 못 미치게 보상가가 결정되는 경우도 있으니 개발방식을 잘 살피고 투자해야 한다.

주목되는 복합환승센터

복합환승센터는 단순히 효과적인 교통망 구축을 넘어 지역 부동산 시장, 일자리 창출, 관광산업, 신규 비즈니스까지 도심의 분위기 자체를 바꿔 나가며 새로운 중심 역할을 하고 있다. 민간 사업자 입장에서는 천문학적인 비용이 들지만, 기본적인 유동인구를 갖추고 있는 지역에 들어서는 경우가 많아 수익성 측면에서 놓치기 아까운 상품이다. 지자체의 입장에서는 시민들의 교통 편의를 위해 복합환승센터의 건립을 요구하고 있는 상황으로 앞으로 양측의 이해관계가 맞아 떨어지는 곳에서 사업 추진이 이어질 전망이다. 실제로 국토교통부는 현재 전국 주요 환승역에서 복합환승센터 개발사업을 위한 개발 기본계획을 5년 단위로 발표하고 있다.

정부 부동산 대책으로 본
미래 부동산 전망

문재인 정부의 부동산 대책은 부양보다는 주거복지와 도시재생에 방점이 찍혀져 있다. 실제로 문재인 정부가 들어선 이후 각종 부동산 시장 규제 정책이 쏟아졌다. 이러한 대책은 서민중심 정책으로 부동산 가격 상승을 견제하고 가계 부채 증가 역시 억제하는 방향이다. 하지만 부동산의 지역별 양극화 등으로 정부의 대책이 실효성있게 진행될 수 있을지는 불투명하다고 볼 수 있다.

강남으로 상징하는 부동산 양극화 심화

2018년 부동산 시장은 양극화 경향을 보이고 있다. 서울의 강남권이나 도심 요지에는 뭉칫돈이 몰리지만, 지방 등의 아파트 신규 물량은 공급 과잉으로 인한 미분양의 경향도 나타나고 있다.

한국주택공사 주택금융연구원이 발표한 '주택시장 2017년 4분기 분석 및 2018년 전망'에 따르면 정부의 종합적인 규제 정책에도 불구하고 서울의 주택가격은 상승세를 나타냈다. 반면 지방 주택가격은 둔화된 것으로 나타나 양극화 현상이 두드러졌다.

특히 양극화의 상징에는 강남이 있다. 유하 감독의 영화 「강남 1970」을 보자. 1970년대 강남 개발이 그려진 이 영화에서 강남은 무허가촌의 작은 판잣집이 즐비하지만, 도시개발과 함께 황금알을 낳는 곳으로 그려졌다. 당시 정부 차원에서 이뤄진 인위적인 강남 개발은 40여 년이 지난 현재 초고층의 빌딩 숲으로 뒤덮여 우리나라에서 '부의 상징'으로 자리매김했다. 강남은 한국 부동산 경기의 잣대가 됐다.

당시 강남에 지어졌던 최신식 아파트는 페인트가 벗겨지고, 녹물이 줄줄 흘러나오면서 세월과 함께 흉물이 돼 버렸다. 하지만 건물의 외형만 노후화됐을 뿐 '강남의 가치'는 더욱 치솟고 있다. 이러한 강남에 재건축·재개발이 활발하게 진행되면서 아파트 가격은 정부의 각종 대책에도 내리지를 않는다. 강남이라는 견고한 성은 무너질 기세가 아니다. 이러한 부동산 시장의 양극화는 이제 우리가 받아들여야 할 현실이다.

9.13 강력한 규제정책

2018년 '9.13 부동산 대책(이하 9.13 대책)'은 고가·다주택자에 대한 세부담 확대, 주택금융 규제 범위 상향이 주요 골자다. 9.13 대책의 핵심 내용은 고가·다주택자 세부담 확대다. 고가 주택 보유자에 대한 종합부동산세(이하 종부세)가 최대 0.7%, 3주택자 이상자와 조정대상지역 2주택자는 최대 1.2% 상승했다. 뿐만 아니라 세부담 상한을 기존보다 2배 높인 300%까지 올렸다.

2017년 8.2 부동산 대책을 개선한 것으로 보인다. 8.2 부동산 대책은 양도소득세 중과 적용을 앞세워 다주택자들의 투기를 억제하려고 했으나, 주택 매매 유도 요인이 부족하다는 지적을 받았다. 특히 세부담 상한이 너무 적어 과세 실질금액이 낮다는 비판이 제기됐다.

주택금융 문턱도 높였다. 2주택자에 대한 대출 규제가 높아졌다. 그동안 정부는 일시적 2주택자들을 우려해 해당 계층에 대해서 규제 강화를 소극적으로 접근했다. 하지만 9.13 대책은 2주택자들의 조정지역 내 추가 주택담보대출을 원칙적으로 금지했다. 즉, 더 이상 은행 돈으로 주택을 구입할 수 없게 만들겠다는 의지다.

2017년 8.2 부동산 대책의 가장 큰 효과 중 하나는 '전매 금지 기간' 설정에 따른 딱지 매매와 갭투자 방지였다. 즉, 계약금만으로도 큰 차익을 보는 편법을 금지시킨 것이다. 여기에 청약시장도 당첨 가점 조정을 통해 실수요자 중심으로 재편시켰다.

8.2 대책 이후 시장은 '똘똘한 한 채'라는 신 투기책을 내놨다. 가치 상승이 가장 기대되는 집을 보유하는 전략으로 전환한 것이다. 그 결과 서울 지역에 투기 수요가 몰렸고 지방 부동산은 미분양이 속출하는 지역별 양극화가 심화되었다.

그리고 9.13 대책은 '똘똘한 한 채' 전략 방지 대책을 담았다. 고가 주택에 대한 종부세 강화와 양도세 혜택 요건을 강화했다. 즉

9.13 대책은 똘똘한 한 채 트렌드, 원정 투자 등의 흐름을 차단하기 위해 1가구 1주택자에 대해서도 양도세 혜택 요건과 종부세 범위를 확대한 것이다. 다주택자에 대한 정부의 견제책이라는 흐름 속에서 부동산 투자의 방향을 모색하는 것이 필요하다.

정부의 장기적인 부동산 정책 흐름을 봐라

8.2 대책과 더 강력하다고 평가 받는 9.13 대책까지 문재인 정부의 부동산 정책이 연이어 나오고 있다. 물론 이에 대한 시장의 반응은 다양하다. '너무 강하다'부터 '시장은 끄떡없다'에 이르기까지 반응이 나오면서 관망 추세도 등장한다. 이러한 정부 대책은 여야가 바뀌면 달라질 수도 있다. 당장 2015년 박근혜 정부의 부동산 정책과 2018년 문재인 정부의 부동산 정책은 매우 큰 차이를 보인다.

하지만 정부의 부동산 정책은 시장과 같이 갈 수밖에 없다. 또 큰 흐름은 아주 달라지지 않는다. 중요한 것은 10년 정도를 내다보면서 정부 정책의 흐름을 보아야 한다는 점이다. 정부 정책에 일희일비하기보다는, 부동산 투자에 임하는 개개인이 투자를 통해 얻을 수 있는 목표를 분명하게 가지는 것이 더 중요하다고 본다

2035년 S씨(36)의 하루

2035년 12월 20일 S씨는 집안의 컴퓨터로 조정되는 자동 알람으로 아침 8시에 기상했다. 창문 너머 보이는 서울 도심의 광경은 쾌적한 모습이었다. S씨의 집은 서울 종로구 부암동으로 과거 30여 년 전 인기가 있었던 MBC 드라마 〈커피프린스 1호점〉 촬영지였던 '산모퉁이' 카페 옆 7층짜리 빌라다. 그는 혼자 살지만 아침 걱정은 없다. 사물 인터넷을 통해 자동으로 아침 식사가 나온다. 잠시 아침 메뉴를 고민한 S씨는 어젯밤 먹은 술을 해장하기 위해 빵이 아닌 밥 버튼을 눌러 식사를 해결했다.

그는 종로구 인사동의 사무실로 출근해서 스케줄을 보니 거래처 사람과의 미팅이 있다. 일산과 삼성동에서 30분의 간격을 두고 미팅을 갖지만 별로 걱정하지 않는다. 수도권광역 급행철도인 GTX를 타면 일산에서 삼성동까지 25분이면 주파하기 때문이다.

그는 저녁에는 오랜만에 여자 친구와 한강에서 만나기로 했다. 20여 년 전 한강개발 이후 한강은 서울에서 가장 로맨틱한 장소 중 하나가 돼 S씨의 프로포즈를 더욱 빛나게 만들어 줄 것이다. 여자친구와의 데이트로 인해 늦어질 것으로 예상된 S씨는 스마트폰으로 집의 난방을 점검했다. 갑작스레 집으로 여자친구를 데리고 갈 수도 있기 때문이다. 집의 모든 구조가 사물 인터넷으로 연결되어 있기에 S씨의 세심한 배려가 가능하다.

2장

2030년 서울 5개 생활권의 미래가치 분석

(교통/환경/상권의 가치에서 조망)

동북권의 미래가치 조망

서울시 동북권은 동북1권으로 분류되는 광진구, 동대문구, 성동구, 중랑구와 동북2권인 강북구, 노원구, 도봉구, 성북구 등 8개의 구로 이루어져 있다. 동북1권은 6,664m^2(서울 면적의 11%)와 인구 148만 명(서울시 인구의 14.7%)로 구성돼 있다. 더 북쪽에 위치한 동북2권은 1만 444m^2와 178만 명의 인구이다. 같은 동북권이지만 동북 1권과 2권의 지역적인 특성이 달라 동일한 미래상을 그리기 어려워 서울시 생활권에서는 1, 2권역으로 나눴다.

　서울시 생활권 계획에서 동북권은 가장 핵심적인 지역개발 및 정책을 담고 있다. 서울지역 내에서 열악한 주거환경과 교통발전의 미비로 상대적인 소외를 겪었던 동북권은 이번 서울시 생활권 계획으로 날개를 달고 지역의 발전이 상당하게 진행될 것으로 전망된다. 다만 투자하는 입장에서는 동북1권과 동북2권의 지역적인 특성을 감안할 필요가 있다는 점을 간과해서는 안 된다.

동북권 발전구상도

동북권의 교통과 개발 호재 지역

신 경제중심지로 부상하는 창동 역세권

동북 지역의 경우 일자리를 대표하는 랜드마크의 거점 지역이 부
재했는데, 이를 해소할 수 있는 개발 호재가 바로 창동·상계 지역

이다. 서울시가 동부간선도로 창동교~상계교 1.3㎞를 추가로 지하화하기로 하면서, 동북권 개발 핵심 사업으로 시가 추진 중인 창동·상계 신경제중심 사업지의 몸값도 크게 높아질 전망이다. 중랑천으로 단절돼 있는 사업지 양측의 연결성이 높아지고 하천과 공원을 함께 즐길 수 있는 수변문화공간으로 가치가 극대화될 수 있기 때문이다.

동북권 지역의 창동교~상계교 사이 동부간선도로 지하화 구간 연장을 통해 창동·상계 신경제중심지 조성의 핵심인 창동차량기지 용지 전체가 중랑천과 맞닿을 수 있게 됐다. 기존 계획안은 창동차량기지 용지 좌측 도로의 절반 정도만 지하화하고 차량기지 서북쪽에는 지상 도로가 남아 지리적인 단절이 발생할 수밖에 없는 구조였다.

창동·상계 신경제중심 사업 전체 용지 38만㎡ 가운데 창동차량기지 용지는 18만㎡로 절반가량을 차지한다. 창동차량기지는 2024년까지 경기 남양주시 진접읍으로 이전이 완료될 예정이다. 해당 용지에는 지식형 연구개발(R&D) 산업 등 업무중심 복합시설 건립이 추진되고 있다. 서울시는 차량기지 우측 도봉면허시험장 용지(6만 7,000㎡)에는 상업중심 복합시설 건립을 계획하고 있다. 현재 서울시가 면허시험장을 이전할 용지를 서울 외곽에 물색 중이다.

창동차량기지 좌측으로 중랑천 건너 서쪽 편인 문화체육시설 용지(6만㎡)에는 대규모 문화·공연시설인 서울아레나, 환승주차장 용지(4만㎡)에는 세대 융합형 창업센터와 창업·문화 산업단지 건

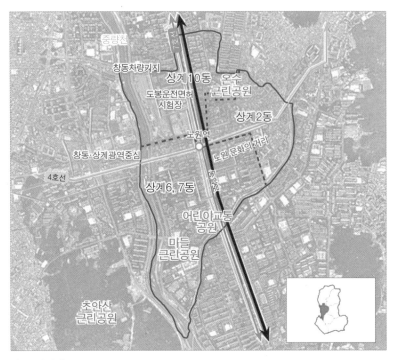

창동 역세권

립이 이미 확정됐다. 하나로클럽 용지(3만4,000㎡)에는 서울시와 농협 측이 복합유통시설 건립을 논의하고 있다.

차량기지 좌측 동부간선도로 지상구간에 공원을 조성하고 중랑천을 건널 수 있는 교량(차량 통행·보행 가능)을 설치함으로써 창동·상계 신경제중심지 좌우 연결성을 높이는 한편 하천과 공원을 함께 즐길 수 있는 자연 친화적인 수변문화공간을 만들 수 있을 것이다.

다만 창동·상계 신경제중심지 조성 사업의 핵심인 창동차량기지는 아직까지 업무시설로 개발하겠다는 큰 그림만 있을 뿐 구체적인 용도나 투자 계획 등은 정해진 것이 없다. 서울시는 내부적으로 대기업 사옥 유치 등을 검토하고 있다.

결국 창동~상계 간선도로 지하화와 지상 공원화 추진은 창동·상계 신경제중심지의 입지적 매력을 최대한 끌어올리기 위한 서울시의 집중적인 정책방향이다. 이 창동·상계 신경제 중심지 사업은 강남·북 균형발전을 상징하는 랜드마크 사업이라 볼 수 있다.

동북권의 가장 큰 약점이 일자리를 창출할 공간의 부족 및 기반시설 미미라고 볼 때, 창동·상계 지역개발은 이 지역과 주변지역의 입지를 획기적으로 변화시킬 수 있는 좋은 계기가 될 것으로 예상된다.

청량리 역세권 재개발 사업 가속도 붙어

서울 동대문구 청량리 일대 재개발 사업이 속도를 내고 있다. 분당선 왕십리~청량리역 연장선과 GTX, SRT 노선 신설 계획으로 청량리역 개발사업에 속도가 붙자 주변 재개발 사업지들도 잇따라 사업을 서두르고 있다.

동대문구청은 청량리동 199 일대 34,988㎡ 면적의 청량리 7구역 주택재개발정비사업의 사업시행변경인가를 고시했다. 이전 분양신청 때 높았던 청산비율을 줄이고 분양 가능성을 높이기 위해 기존 대형 면적을 중소형 면적으로 축소하고 가구 수를 늘리는 계획으로 설계 변경한 것이 핵심 내용이다. 이에 따라 청량리 7구역은 기존 650가구에서 임대주택 23가구를 포함한 111가구가 늘어

현재의 청량리8구역
일대의 모습

지하 6층~지상 18층 9개 동, 761가구짜리 아파트가 들어선다. 롯데건설이 시공을 맡는다.

청량리동 435 일대 2만9,314㎡에 이르는 청량리 8구역도 사업을 서두르고 있다. 2018년 조합설립인가를 받은 데 이어 교통영향평가와 기반시설설치공사비, 석면사전조사 등을 맡을 업체 선정에 들어갔다. 이곳은 GTX가 들어설 청량리역이 가깝다. 지하 3층~지상 24층, 576가구짜리 아파트가 지어질 예정이다.

평지에다 지하철 6호선 고려대(종암)역과 1호선 청량리역을 걸어서 이용할 수 있는 청량리 6구역은 현재 추진위원회 승인 단계에 있다. 이곳은 청량리동 205 일대로, 면적만 8만3,883㎡에 이른다.

청량리 8구역 맞은편에 있는 제기 4구역 재개발 사업도 정비안 변경 작업이 마무리됐고 사업시행인가 신청이 진행 중이다. 청량리 4구역에는 롯데건설이 지하 7층~지상 최고 65층 5개 동, 1,425가구에 이르는 '롯데캐슬 SKY-L65'를 짓고, 맞은편 용두동 동부청과시장에는 한양이 59층짜리 주상복합시설을 짓는다. 청량리역은

2017년 KTX 경강선이 개통됐고, 분당선 왕십리~청량리역 연장선도 2018년 말 개통됐다. GTX와 SRT 노선도 신설 계획이라 교통환경 개선과 더불어 생활환경도 좋아질 것으로 전망된다.

이곳의 개선 흐름을 보면 마포구 아현·공덕뉴타운과 닮은꼴이다. 열악한 주가환경이 획기적으로 개선되고 주변이 쾌적한 환경으로 바뀌는 향후 10년의 모습이 어떻게 바뀔지 사뭇 기대가 되는 지역이다. 이러한 청량리 역세권을 둘러싼 개발 움직임은 이미 주변 시세에 반영되고 있다.

왕십리 역세권

서울 성동구 행당동杏堂洞은 옛날 살구나무와 은행나무가 많아서 붙여진 이름이다. 광화문·시청, 강남권 출퇴근이 모두 편리해 직장인들이 선호하는 지역 중 하나다. 지하철 5호선 행당역과 왕십리역을 이용하면 광화문역까지 12~14분이면 도착한다. 분당선 왕십리역에서 선릉역까지 11분이면 닿는다. 차로 성수대교와 동호대교를 이용하면 강남으로 바로 연결된다.

한강이 가깝고 중랑천 너머로 서울숲 조망도 가능하다. 왕십리역 일대는 지하철 2·5호선, 경의중앙선, 분당선 등 4개 노선이 지나는 이른바 '쿼드러플 역세권'으로 강북의 교통 요지로 꼽힌다.

그러나 약점도 있다. 주거시설이 턱없이 부족하다. 행당1동에는 2014년 '서울숲더샵' 아파트가 들어서기 이전까지 아파트로는 삼부아파트가 유일했다. 왕십리역도 거쳐 가는 곳에 불과해 유동인구는 많아도 상주인구가 적었다.

그런데 최근 행당동 지도가 빠르게 달라지고 있다. 왕십리와 성수·옥수동 중심으로 진행되던 재개발 사업이 행당동에서도 본격화하기 시작한 것이다. 대표적인 곳이 행당 6·7구역이다. 두 곳 모두 왕십리역을 걸어서 다닐 수 있고 한강과 서울숲이 보여 수요자들의 관심이 높다.

광운대 역세권 개발 앞둔 월계지구

서울시, 코레일, HDC 현대산업개발이 광운대 역세권 개발사업에 대한 협의를 시작했다. 코레일이 소유한 면적 14만 9,065㎡ 규모의 광운대역 물류기지 부지를 HDC 현대산업개발이 주거·상업시설 단지로 개발하는 계획을 수립 중이다. 광운대역을 지나고 경기도 군포시와 의정부를 잇는 GTX-C노선 사업의 예비타당성 조사도 진행되고 있다. 이에 서울 동북권의 낙후된 '베드타운' 지역으로 알려진 광운대역 일대에 대한 개발 기대감이 높아지고 있다.

코레일은 2017년 말 광운대 역세권 개발사업 사업자로 HDC 현대산업개발을 선정했다. 광운대 역세권 개발사업은 서울시가 민간사업자에게 면적 1만㎡ 이상 대규모 공공 부지의 개발을 위한 용도지역 변경을 허용해주는 대신 부지 일부를 기부채납 등으로 공공을 위해 사용하도록 하는 사전협상제도 방식이 적용된다.

코레일과 HDC 현대산업개발은 광운대 역세권 개발사업을 위해 국제현상설계 공모를 진행하고 이를 개발사업 계획에 반영하기로 했다. HDC 현대산업개발은 아파트 등 주거시설 3,000여 가구 및 상업시설을 지을 계획이며 이를 위한 토지이용, 교통, 공공 기여 등의 문제를 서울시와 협의하게 된다.

광운대 역세권 개발사업과 GTX-C 사업 추진에 대한 기대감에 미륭·미성·삼호3차, 월계동 아이파크 등 근처 아파트 단지들의 시세가 오르는 추세다. 이곳 주변도 이런 개발 호재의 영향을 받아 브랜드 아파트가 들어설 것으로 전망된다.

장안평 도시재생사업 활발

서울 장안평 도시재생사업은 가속도가 붙고 있다. 성동구 용답동과 동대문구 답십리동 및 장안동 일대 일부 지역의 불합리한 용도가 바뀔 계획이다. 또 장안평 일대 도시재생활성화사업의 개발규모가 늘어나고, 산업 젠트리피케이션(개발에 따른 임대료 상승으로 원래 주민과 상인이 다른 지역으로 밀려나는 현상) 방지 차원에서 공공임대 공간도 마련된다.

장안평은 자동차를 기반으로 이 일대의 경제를 다시 활성화하기 위한 밑그림이 완성되고 있다. 도시재생을 위한 주축시설 마련, 미래자동차혁신센터 조성, 지역산업 거점시설 현대화 등으로 요약된다. 이를 위해 장안평 일대 건축물의 건폐율과 높이, 용도 등 규제를 완화하고, 답십리동 자동차부품 중앙상가 등 거점시설(3개소) 현대화를 본격화하기 위한 기반도 마련했다.

이러한 도시대생사업은 일자리와 연결된다. 이는 주변 주거문화

에도 영향을 미친다. 서울시는 이 같은 사업으로 2020년까지 1만
여 개의 일자리를 창출할 방침이다. 가로환경 정비와 인증브랜드
운영, 통합정보시스템 구축 및 운영, 지역문화기능 강화 등을 통해
서도 1,000여 명의 일자리를 새로 늘린다는 계획도 세웠다. 지자체
는 총 5,700억원의 생산유발 효과를 기대하고 있다. 과거 중고 자
동차를 사러 왔을 때 어수선했던 이 지역이 자동차를 기반으로 한
새로운 도심으로 재탄생하는 것이다.

동북권의 상권 호재 지역

핫플레이스로 떠오른 성수동 지역상권

최근 부촌으로 급부상 중인 성수동에도 떠오르는 거리가 있다. 바
로 성수동 아뜰리에 길이다. 성수동 상권은 크게 성수역 대림창고
라인과 뚝섬역 아뜰리에길 라인으로 나뉘어 있다. 그중 아뜰리에
길은 뚝섬역(지하철 2호선)과 서울숲역(지하철 분당선) 인근으로 서
울숲과 갤러리아포레에서 북쪽에 위치한 골목길을 칭한다.

　아뜰리에는 영어 'atelier'로 '예술가들의 작업실'이라는 뜻이다.
디자이너들이 아뜰리에 길에 하나둘 모여 들면서 거리를 형성하게
됐다. 그리고 인근에 예쁜 카페들과 맛집들이 생겨나면서 하나의
골목 상권이 만들어지게 됐다. 이제는 공방의 이미지가 아닌 유명
맛집이나 유명 카페 등이 늘어나면서 아뜰리에 길은 서울의 핫플

레이스 중 하나가 됐다.

　흔히 사람들이 '뜨는 상권'으로서의 성수동 상권이라고 하는 곳은 정확히는 서울숲 상권과 성수역 남부 상권이라는 두 개의 독립적 상권으로 나뉜다. 서울숲 상권은 홍대와 비슷한 느낌을 주는 곳이다. 오래되고 저렴한 주거지역이 상권으로 탈바꿈한 전통적인 형태의 뜨는 상권지다. 서울숲이라는 외부 유입 요인까지 있다는 점에서 긍정적인 면도 있다. 다만 서울숲은 상권의 배후지가 되는 낡은 주택지의 면적이 너무 좁아 성장이 제한될 수 있다는 판단이 들었다.

　성수역 남부 상권은 또 다르다. 일단 성수동 카페거리란 이름으로 사람들 사이에 알려졌고 공장과 공업소 등이 밀집한 곳이다. 배후지가 매우 넓기 때문에 조건만 맞는다면 성장 잠재력은 충분하다. 그렇지만 그 조건을 충족하기가 어려운 게 성수역 남부 상권의 특징이다. 공업소, 공장 등은 주택가를 개조할 때보다 필요한 자본의 규모가 크다. 좀 더 큰 자본 규모를 요구한다는 것은 사업가의 입장에선 리스크의 증가로 해석할 수 있다. 이러한 문제 때문에 해당 지역은 다른 상권보다 사업가 입장에서 진입이 어렵다. 따라서 발전이 다른 곳보다 더디게 이루어질 수밖에 없다.

　서울 광진구의 건대입구역 상권은 지하철 2·7호선 환승역과 건국대학교를 끼고 있는 상권으로 젊은 트렌드를 대표하는 대학가 상권 중 하나다. 유입 인구가 증가하면서 서울 동부를 대표하는 상권으로 발전했다. 신촌 일대가 서울 서부권 대학가 상권의 최강자라면, 동부권에선 건대입구역 상권을 꼽을 수 있다.

건대입구역은 1980년 지하철 2호선 화양역으로 탄생했으나, 역과 인접한 건국대학교의 시민 인지도가 높아지면서 1985년에 건대입구역으로 개명됐다. 1996년에는 지하철 7호선이 개통되면서 환승역으로 거듭나 상권이 더욱 확장되었다. 현재는 롯데백화점 건대점과 스타시티, 맛의 거리, 로데오 패션거리, 양꼬치거리 등이 이곳 상권의 자랑이다. 이곳은 지하철 철로를 사이에 두고 로데오 패션거리와 맛집 거리가 형성돼 있어 쇼핑·먹거리·유흥을 즐길 수 있는 대학가 상권의 특징이 잘 나타난다.

학생 소비층 외에도 자양동과 성수동, 구의동 등 광진구 일대 주민들을 비롯해 강남권역으로 출퇴근하는 직장인 소비층도 건대입구역의 상권을 탄탄하게 떠받치는 주력 소비층이다. 반면 건대입구 상권은 워낙 젊은 상권의 특징이 강해 중장년층을 타깃으로 한 업종이 부족한 편이다. 대부분 젊은층 취향에 맞춘 음식점, 유흥 주점, 디저트, 커피 전문점 등 트렌디한 점포들이 자리를 차지하고 있다. 건대입구역 상권은 전체적으로 쇼핑과 유흥을 함께 즐길 수 있는 복합 상권이다. 2호선 철로를 사이에 두고 섹터별로 상권의 기능이 다소 상이하게 나뉜다.

동대문 재래시장 상권

서울지하철 2·4·5호선이 교차하는 동대문역사문화공원역 주변에는 굿모닝시티, APM, 밀리오레, 두산타워 등 대형복합쇼핑상가가 병풍처럼 들어서 있다. 이들 대형상가는 외환위기로 국내 경기가 최악이던 상황에 개장했다. 사양길로 접어들던 동대문시장에 이들 대형상가가 잇달아 들어선 것을 계기로 2000년을 전후해 동대문시장은 패션관광특구로 화려하게 부활했다. 최신 유행의 옷을 구매하려는 젊은이들이 즐겨 찾으면서 침체된 상권이 되살아났다. 하지만 최근에는 온라인 쇼핑몰의 발달과 중국인 관광객 감소 등으로 상권이 침체된 상태다.

이 주변지역인 창신·숭인뉴타운 지역은 기존 주민들의 이주 대책이 너무 어려워 지역 지정이 해제됐다. 이곳은 도시재생 뉴딜정책을 통해 개선될 것으로 전망된다.

성신여대역 동선지구

1985년 4호선 성신여대입구역(돈암)이 개통되면서 지금과 같은 성북구의 대표적인 상권으로 자리 잡게 됐다. 성신여대입구역 상권은 성신여대와 대규모 주거단지에 둘러싸여 있고 인근의 여러 유명 대학들이 있는 대학가 상권이다. 상권 인근에는 1만여 명의 성신여대 학생들뿐만 아니라 성신여중·여고도 있어 주로 10~20대 학생들과 연인들, 그중에서도 여성 유동인구가 많다. 성신여대입구역의 메인상권이라 할 수 있는 로데오거리에는 여성들의 관심을 모을 수 있는 업종들이 밀집돼 있다. 정비되지 않은 상가와 단독·다세대 주택이 밀집된 곳이 많은데 우이신설 경전철 개통으로 테마상권의 확장이 예상된다.

동북권의 환경 호재 지역

수유지구

2017년 개통된 서울 첫 경전철인 우이·신설선 주요역 주변인 수유 지구에 대한 개발사업이 본격화한다. 개통과 동시에 서울 북부 지역 교통난 해소에 기여했다는 평가를 받고 있는 우이·신설선이 다른 지역에 비해 상대적으로 낙후된 서울 동북권 상권 활성화에도 중요한 역할을 하게 되는 셈이다.

서울시와 강북구청 강북구 수유동 451-1 일대(면적 11만7,783㎡)를 대상으로 '화계사입구 사거리 지구단위계획구역' 수립을 추진하고 있다. 서울시의 동북권 우선 투자방침에 이쪽 지역이 수혜를 입는 셈이다.

강북구청도 자치구 차원에서 지난해 9월부터 우이신설선 가오리역과 4·19민주묘지역 역세권 개발을 위한 지구단위계획 수립을 준비하고 있다. 자치구에서 계획안을 마련해 서울시 도시건축공동위원회에 올려 최종 확정하는 구조다. 결과적으로 서울시가 강북구와 손잡고 우이신설선 주요 4개 역을 중심으로 동북부 지역 역세권 개발에 본격적으로 나선 셈이다. 경전철 개통으로 노선 인근 아파트 가격 역시 상승세를 나타냈다.

미아지구

박원순 시장이 옥탑방 체험을 마치고 발표한 내용 중 눈에 띄었던 것이 '보행약자를 위한 이동편의 개선사업'이었다. 서울시는 강북구 미아역(신일고교 인근), 강북구 솔샘역(미양초교 인근) 등 2곳에 각각 예산 30억씩 총 60억 원을 투자해 지형을 고려한 이동편의 개선사업을 추진한다. 대상지로 선정된 2곳은 오르막과 구릉지가 많아 노약자 등 교통약자를 위한 대중교통의 접근성 개선이 필요하다는 지적이 제기돼 왔던 곳이다.

  기존 대중교통으로는 접근이 어려운 지형적 특성을 고려해 경사형 모노레일, 곤돌라 같은 신 유형의 교통수단을 도입할 예정이다. 교통편의는 물론, 관광상품으로서의 가능성이 비춰지는 대목이다.

삼양지구

우이신설선 경전철의 효과를 톡톡히 보는 지역이다. 지자체는 삼양역이 위치한 삼양사거리 지구단위계획 재정비도 함께 추진하고 있다. 30·40대 입주민이 많은 미아뉴타운과 가까운 삼양역 주변에 일반 상가뿐만 아니라 유명 학원 등을 집중적으로 유치해 뉴타운 주민들의 사교육 수요를 충족시킨다는 계획이다. 이러한 호재는 주변 아파트 단지들의 시세에 반영되고 있다.

쌍문지구

지하철 4호선 쌍문역은 다세대, 빌라 등이 모여 있는 외곽지역이었다. 이 지역 역시 우이신설선 개통과 더불어 활발한 움직임을 보이고 있다. 특히 도봉구에서는 인기 만화 '둘리'의 배경이 쌍문동인 점을 활용해 캐릭터 등 관련 콘텐츠를 개발하고 있다. 이른바 '봉구만화도시' 건설계획도 진행 중이다. 쌍문동에는 '둘리뮤지엄' 공사가 곧 완성된다. 쌍문근린공원은 둘리공원으로 개명했고, 쌍문역도 둘리역으로 바꾸는 것을 서울시와 논의하고 있다. 스토리텔링과 지역 발전을 함께 이뤄가려는 것이다.

동북권의 기타 호재 지역

망우지역

7080 개발시대 이후 시간이 멈춰 있던 망우지역이 위치한 중랑구는 변신을 꾀하고 있다. 전체 면적의 5% 이상이 재개발·재건축 대상이다. 그리고 2020년대 초반이면 중랑구 한복판에 있는 상우·망우·중화역 역세권 정비가 전면 완료된다. 중랑구에서 유일한 산업단지도 조성된다. 지하철 6호선 연장에 따라 마련되는 신내차량기지 부지다.

중랑구는 강원도에서 서울로 들어오는 관문이다. 조선시대에는 망우로와 용마산길이 교차하는 '주막거리'와 '망우리 고개'가 그 관문이었다. 지금은 남양주시, 구리시로 향하는 지하철 6호선과 경춘선이 그 역할을 하고 있다. 중랑구 한복판에 있는 상봉역으로 GTX-B노선과 경춘선에 이어지는 동서고속화철도(청량리~춘천~속초, 2024년 완공 예정)가 추가로 지나갈 계획이다.

상봉역 일대는 2000년대 후반부터 뉴타운 개발 대상이었다. 재정비촉진지구로 같은 시기 지정된 중화역 지구를 합하면 총 1㎞로 중랑구 전체 면적의 5% 정도다. 하지만 두 지구 모두 9년간 진척이 없었다. 정비구역 지정과 해제가 반복된 탓에 개발 중단이 장기화됐고, 재건축 조합을 둘러싼 주민 간 갈등도 심했다.

하지만 상봉역 일대는 2018년 말부터 재정비촉진계획이 변경 고시되고, 2019년 8월 사업시행인가가 나면 10년 만에 착공이 이뤄진다. 2015년 결정고시 이후 3년을 끌어온 상봉터미널 복합개발사업은 2022년 완공을 목표로 전체 면적의 51%가 비주거시설로 구성될 예정이다. 상봉시외버스터미널 개발사업에 망우역, 상봉역 재정비촉진지구를 연계하겠다는 게 지자체의 구상이다. 이곳에는 청년주택, 신혼주택 등 주거기능, 상업·유통기능이 추가돼 주목할 만한 지역이 되었다.

망우지역은 서울시 평균보다도 상업용지 비율이 작다. 이를 개선한다면 이 지역의 상황도 호전될 것으로 예상된다. 또한 인근 부지인 신내차량기지 이전사업도 탄력을 받고 있다. 지하철 6호선이 구리시까지 연장되면 차량기지가 신내역에 있을 필요가 없다. 대신 신내차량기지에는 중랑구의 경제 기반으로 바이오산업 위주의

벤처산업단지를 조성할 계획이다.

금호지역

금호역 주변은 입지가 좋아 시세가 높게 형성되는 지역이다. 이곳에서 지하철을 이용해 종로, 광화문, 공덕, 여의도 등 서울 주요 업무 지구로 환승 없이 출퇴근할 수 있다. 차량 이용 시 강변북로, 동호대교, 성수대교 등으로 진·출입이 수월하다. 교육 시설로는 금호초, 금호여중, 대경중, 금호고 등이 인접했다. 응봉근린공원, 응봉공원, 대현산공원, 응봉산 등 대형 녹지공간도 풍부해 쾌적한 주거 환경을 누릴 수 있다. 도보권 내에 은행, 우체국, 의료시설 등이 모였으며, 롯데마트도 차량 5분 거리에 있어 생활이 편리하다.

또한 신금호역을 중심으로 대규모 도로확장사업이 추진돼, 주거 환경이 더욱 개선될 전망이다. 금호동 일대 재개발 사업이 활발히 진행되면서 상주 인원과 차량 이동량이 급증했다. 토지 확보, 공사업체 선정 등 사업이 차질 없이 진행되고 있어, 만성적인 교통난 해소에 대한 지역 주민들의 기대감이 고조되고 있다.

구의지구

현재 구의지구에서 가장 중요하게 추진하는 것은 구의역 일대 KT부지 첨단업무 복합개발 사업이다. 동부지방법원과 동부지방검찰청은 물론 바로 옆에 자리한 KT부지를 포함해 78,147m^2에 이르는 자양1촉진지역에 17층 높이로 구청과 구의회를 포함한 복합청사 등 다양한 개발계획을 벌이고 있다.

지하철 2호선 지중화도 결코 빼놓을 수 없는 과제다. 현재 광진구 지역인 성수역, 건대입구역, 구의역, 강변역은 모두 지상으로 나 있다. 지하구간과 달리 육중한 철근 콘크리트로 도로를 갈라놓다 보니 원활한 도시계획을 세우기엔 숱한 어려움을 겪는 실정이다. 당장 건대 앞 스타시티 개발과 동서울터미널 현대화 사업 등 주요 사업이 선로 맞은편으로는 확산되지 못하는 문제가 발생하는 등 지역 내 균형 발전에 난맥상을 드러내고 있다. 이러한 과제를 해결한다면 대형 주거지도 가능성이 있다.

전농지구

전농동은 조선시대 왕이 직접 경작을 하던 적전이 있던 곳으로, 이를 '전농'이라고 불렀던 데서 유래됐다. 서울 동대문구 전농11구역 재개발사업에 활력이 들 전망이다. 최근 정비구역 변경지정을 받았기 때문이다. 2018년 7월 동대문구는 전농11구역 재개발 정비사업조합이 신청한 정비구역 변경지정(안)을 '도시 및 주거환경정비법' 제4조 제4항 및 '토지이용규제 기본법' 제8조 제2항에 의거 승인하고 이를 고시했다.

이제 전농동 지역도 재개발이 본격적으로 이뤄진다. 또한 서울시의 강력한 의지가 관철되고 있는 서울 경전철 면목선이 착공에 들어간다면 전망이 밝은 지역이다.

대표 베드타운 상계동

2018년 노원구 상계뉴타운 5구역이 서울시 재정비 심의를 통과했다. 이로써 2017년 분양을 마친 4구역과 2018년 말 일반 분양을 한 6구역을 비롯해 2018년에는 1·2·5구역이 모두 사업시행 인가를 받을 것으로 보인다. 7,600여 가구 규모의 미니 신도시가 서울 북부권인 상계·중계에 건설되는 셈이다. 이 지역은 북부지역의 대표적인 베드타운이다. 그런데 창동 역세권 개발이 이 지역에 영향을 주고 있다. 개별 단지의 시세도 오름세를 나타내고 있다.

동북권 한 줄 요약 포인트

창동 역세권 : 일자리를 대표하는 랜드마크의 거점 지역. 중랑천으로 단절돼 있는 사업지 양측의 연결성이 높아지고 하천과 공원을 함께 즐길 수 있는 수변문화공간.

청량리 역세권 : GTX, SRT 노선 신설 계획으로 청량리역 교통의 중심. 새 고급브랜드 아파트 재개발로 고급 거주지역으로 탈바꿈.

왕십리 역세권 : 지하철 2·5호선, 경의중앙선, 분당선 등 4개 노선이 지나는 이른바 '쿼드러플 역세권.' 한강과 서울숲이 강점인 고급 주거지역 전망.

광운대 역세권 : 광운대역 물류기지 부지를 주거·상업시설 단지로 개발하는 프로젝트 추진.

장안평 : 자동차를 기반으로 이 일대의 경제를 다시 활성화하는 도시재생사업 추진. 2020년까지 1만여 개의 일자리 창출 전망.

성수동 : 아뜰리에 길은 서울의 핫플레이스 상권. 서울숲이라는 외부 유입 요인까지 긍정적인 전망.

동대문 재래시장 : 대형복합쇼핑상가가 병풍처럼 늘어선 패션관광특구. 창신·승인뉴타운 지역은 재생 뉴딜정책 개선.

성신여대역 : 우이신설 경전철 개통으로 테마상권이 예상.

수유지구 : 경전철 개통으로 노선 인근 아파트 가격 역시 상승세.

미아지구 : 경사형 모노레일, 곤돌라 같은 신 유형의 교통수단 도입할 예정. 교통편의는 물론, 관광상품으로서의 가능성 상승.

삼양지구 : 우이신설선 경전철의 효과를 톡톡히 보는 지역.

쌍문지구 : 인기 만화 '둘리'의 배경이 도봉구 쌍문동인 점을 활용해 캐릭터 등 관련 콘텐츠구현.

망우지역 : 서울시 평균보다도 상업용지 비율 작은 상업지 확대 전망. 신내차량기지 이전 후 벤처산업단지 조성 예상.

금호지역 : 서울 주요 업무지 이동의 장점 발휘. 주거환경 대폭 개선 예상.

구의지구 : 구의역 일대 KT부지 첨단업무 복합개발사업 전망.

전농지구 : 경전철 면목선이 착공 전후 전농동 지역의 재개발이 본격화.

상계동 : 북부지역의 대표적인 베드타운. 창동 역세권 개발의 영향은 이 지역 호재.

동남권의 미래가치 조망

서울시의 동남권은 행정구역상으로 강남구, 강동구, 송파구, 서초구로 편재된 지역이다. 1970년대 이후 토지구획정리사업과 아파트 지구개발사업을 통해 조성된 신시가지로 발전한 지역이다. 이곳의 면적은 146km^2(서울시 면적의 23.9%), 인구는 218만 명(서울시 인구의 20.6%)이다.

　동남권은 강남 도심 기능의 경기 동남부 지역 확산으로 '서울 대도시권의 중심지로서 위상 확대'가 이뤄지는 지역이다. 지하철 8개 노선이 통과하고, 광역철도 3개 노선이 신설되는 등 글로벌 업무·상업 중심기능이 강화된다. 실제로 서울시는 코엑스~잠실운동장 일대 국제교류복합지구 조성 사업, 현대차그룹 신사옥(GBC) 건설 등 각종 개발사업이 활기를 띠고 있는 잠실과 강남 일대를 동남 생활권역으로 정하고, 이 일대에 대해 마이스(MICE) 산업 거점 육성, 수서·문정 일대 첨단업무 서비스 강화 등의 세부 개발계획을 마련

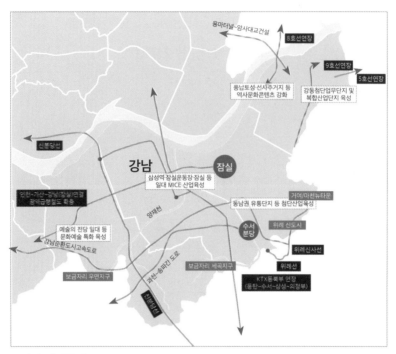

동남권 발전구상도

했다. 이를 통해 동남권을 세계가 모이는 글로벌 융복합 도시로 육성할 계획이다.

강남도심 개발

1966년부터 시작된 강남 건설은 1970년대 이후 들어 가속화됐고, 1976년 아파트지구 지정을 계기로 본격적인 인구 이동의 성과가 나타나기 시작했다. 강남 개발의 촉진을 가져온 결정적인 처방은 지하철 2호선의 건설과 명문학교 및 고속버스터미널 등 도심의 주요시설을 강남으로 이전한 것이었다.

이러한 강남은 1990년대 테헤란로를 주변으로 대기업이 입주하면서 한국의 제1 일자리 지역으로 등극했다. 그리고 강남은 서울의 3대 도심으로 자리매김하게 된다.

이러한 강남이 서울시 생활권 계획으로 더 정교화, 국제화되는 계기가 되고 있다. 특히 테헤란로의 끝 지역이었던 삼성역을 중심으로 업무중심지역이 펼쳐진다.

삼성 국제교류 중심지구 사업은 총사업비 1조3,000억원의 대규모 사업으로 서울 영동대로 지하 복합개발 프로젝트이다. 2019년 상반기까지 건축 인허가를 위한 행정 절차와 설계를 마무리하고 공사에 들어갈 예정이다. 2023년 통합개발이 완료되면 영동대로 일대는 하루 58만명(서울시 추산)이 이용하는 명실상부한 서울의 '교통 허브'로 자리매김하게 된다.

서울시는 2017년 10월 프랑스의 유명 건축가인 도미니크 페로 설계 컨소시엄의 '빛과 함께 걷다(LIGHTWALK)'를 영동대로 복합환승센터 국제현상 설계공모 당선작으로 선정했다. 영동대로 지하 복합개발사업 구간은 지하철 2호선 삼성역에서 9호선 봉은사역까지 연장 630m, 폭 70미터, 깊이 51미터(6층)다. 건축 연면적이 약 16만㎡로 국내 지하 공간 개발 역사상 최대 규모의 프로젝트다.

지하 공간에는 통합철도역사(연면적 7만7,412㎡), 지하버스환승센터(6,009㎡), 도심공항터미널(1만8,354㎡), 주차장(2만7,493㎡), 상업·공공문화시설(2만9,981㎡) 등이 들어서게 된다. 지하 3~6층에는 GTX-B(삼성~동탄), KTX 동북부 연장(수서~의정부), GTX-A(킨텍스~삼성역), GTX-C(금정~의정부), 남부광역급행철도, 위례~신사선 등 삼성역을 경유하는 6개 노선 역사가 통합 건설될 예정이다.

잠실광역 중심

서울 잠실 롯데월드 일대 '올림픽로 지구단위계획구역'이 '잠실광역중심'과 '잠실관광특구' 지정 등 변화된 개발 여건에 따라 새롭게 개발된다. 서울 송파구 잠실·신천·방이동 일대 올림픽로와 송파대로, 오금로 등 간선도로를 중심으로 이뤄진 '올림픽로 지구단위계획구역'은 면적만 112만1,878m^2에 달한다. 이곳은 잠실운동장 부지를 종합적으로 개발해 전시컨벤션시설, 실내스포츠콤플렉스 등의 일자리 중심의 시설물로 개발되는 사업을 앞두고 있다.

베드타운 역시 일자리 확충이라는 콘셉트와 맞물려 시행을 앞두고 있다. 2호선 잠실새내역 역세권에 들어설 청년주택 규모는 지하 4층~지상 20층으로 248가구의 주택을 공급할 예정이다. 지상 3~20층은 청년주택, 지하 2층~지상 2층은 판매시설, 지하 3~4층은 주차장으로 활용된다. 잠실종합시장이 준공된 지 36년이 넘어 노후됨에 따라 복합개발을 통해 저층부는 시장으로 활용하고 중상층부에는 역세권 청년주택을 공급하겠다는 것이 지자체의 방향이다. 삼성동 종합개발 호재와 더불어 인근지역인 잠실은 이제 강남 도심에 못지않은 상업시설, 업무시설 중심의 지역으로 탈바꿈되는 것이다.

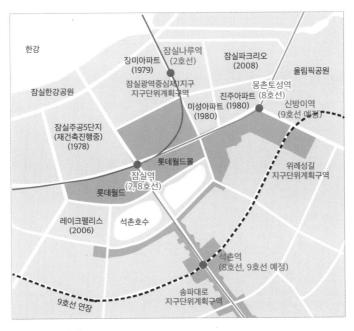

잠실광역 개발

수서 · 문정 지구

수서역이 '제2 철도허브'로 탈바꿈하고 있다. 수서발 SRT가 개통해 수서역에서 부산, 목포행 고속철을 타는 것은 물론이고 수서~광주선이 신설되면 강원도와 중부내륙행 철도를 수서역에서 이용할 수 있다. 수서~광주선을 신설하면 현재 건설 중인 중부내륙선, 여주~원주선 등과 연결돼 수서역에서 경부선, 호남선 등의 철도 노선까지 이용 가능하다.

수서역은 교통망의 허브로 성장할 뿐만 아니라 신흥 업무지구로 탈바꿈할 기대감도 높다. 교통망이 좋아지면서 출퇴근 등 이동 편리로 유동인구가 늘어나 생활 인프라스트럭처도 빠르게 개선될 것이다.

특히 수서역과 인접해 있는 송파구 문정지구의 대규모 개발사업효과까지 합세하면서 이 일대에 기업과 투자자들의 관심이 집중되고 있다. 문정지구 일대는 미래형업무단지와 법원, 등기소, 검찰청 등이 들어서는 문정법조타운 입주도 다가오고 있다. 미래형업무단지 내에 들어서는 지식산업센터에는 2018년부터 기업들이 속속입주를 하고 있다.

업무단지, 법조단지가 완공되면 문정역 일대는 상주인구가 매우클 것으로 예상된다. 주변 제2롯데월드와 26년 만에 리모델링을하는 가락농수산물시장 현대화 사업에 따른 고용 창출 효과 역시호재다.

또한 문정지구는 대형 개발 호재를 하나 더 만났다. 경기도 구리시에서 세종시 장군면을 잇는 '서울~세종 고속도로' 개발 계획이그것이다. 대표적인 수혜지로 송파구 문정지구가 꼽힌다. 이 사업이 추진되면 경부선과 중부선의 혼잡구간이 60% 정도 감소해 서울~세종 간 통행 시간은 70분대로 단축된다. 수서·문정 지역은 교통과 업무 중심지로서 새로운 도약을 앞두고 있다.

재건축 진행중인 반포
주공단지의 모습

한강 랜드마크인 반포지구 중심

1971년부터 1974년까지 총 3,786가구로 지어진 반포주공은 강남 아파트 시대의 서막을 연 곳이다. 그리고 재건축으로 곧 기억의 저편으로 사라지게 될 반포주공은 강남에서 사실상 마지막까지 남은 저층 단지이기도 하다. 이러한 반포주공 단지가 거주민들의 이주가 시작되면서 재건축의 길로 들어서고 있다.

반포지역은 지하철 3호선, 7호선, 9호선이 모두 지나가는 황금 전철라인을 보유하고 있다. 또한 강남고속터미널이 운행되는 등 교통 면에서 큰 경쟁력을 지니고 있으며, 학군 면에서도 대치동과 어깨를 견줄 수 있는 지역이다. 이외에도 쇼핑을 할 수 있는 유통시설도 갖춘 상권이 뒷받침되고 있다.

반포지구는 한강을 조망할 수 있는 강남권의 메인 입지를 차지하고 있다. 반포대교와 잠수교 주변의 고수부지 등에서 여유롭게 한강변을 조깅하고 쉴 수 있는 공간이 반포지구 재건축 단지이다. 서울 내에서 이만큼 경쟁력을 갖고 있는 지역이 또 있을까.

방배지구

서울 서초구 내에서 상대적으로 낙후됐던 내방역 일대에 변화의 바람이 불고 있다. 2019년 서리풀터널 개통을 앞두고 서초구청과 서울시가 체계적인 도시계획을 준비하고 있기 때문이다. 축구장 면적 9배에 달하는 지역이 2·3종 일반주거지역에서 준주거지역으로 종상향되고, 서리풀터널 위 정보사 용지에는 복합 문화시설이 들어선다. 강남역에서 동작구와 영등포구까지 연결되는 '신테헤란로'에서 방배동 일대가 중심 지역이 되게끔 육성한다는 게 서초구청 측 구상이다.

서초구는 방배동 내방역 일대를 16개 블록의 특별계획(가능) 구역으로 묶어 준주거지역으로 용도를 상향 조정하는 '방배지구중심지구단위계획안'을 마련했다. 서리풀터널 개통과 연계해 내방역과 서초역을 연결하는 버스노선을 신설하고, 장기적으로는 단절구간을 연결하는 지하 철도 셔틀 노선 구축 필요성이 있다고 판단했다. 내방역과 서초역의 승하차 인원이 각각 월 평균 7만 명 이상으로 철도 셔틀 도입 시 이용수요는 월 평균 최소 14만 명 이상으로 예측하고 있다. 이렇게 되면 불필요한 우회 통행시간을 단축하여 내방역과 서초역을 5분 이내로 오갈 수 있고 강남 도심까지 빠르고 편리하게 진입할 수 있다.

또한 방배동 뒷벌어린이공원 일대 약 12,000㎡ 이상 부지에 유럽형 생활광장의 형태로 '미니 센트럴파크'를 조성하는 주거환경 분야 플랜도 주목된다. 뒷벌어린이공원 부지 5,800㎡와 인근 방배

6구역 재건축에 따른 공원조성 계획부지 5,400㎡ 등을 묶어 주민 커뮤니티 공간이자 지역 명소로 가꿔 인근에 자리한 방배동 카페 골목의 상권 활성화를 돕겠다는 전략이다.

개포지구

강남권에 있는 옛 성동구치소 부지와 재건마을은 입지 여건이 뛰어난 데다 분양 위주여서 무주택자나 신혼부부들의 청약 경쟁이 치열할 전망이다. 옛 성동구치소 부지는 지하철 3호선과 5호선이 교차하는 오금역을 걸어서 이동할 수 있을 정도로 교통 여건이 좋다. 재건마을은 2012년 서울주택도시공사(SH공사)가 나서 정비 계획을 세웠지만 사업성 등을 이유로 개발이 미뤄지고 있다. 지하철 3호선 매봉역이 1km 이내에 있어 접근성이 높다. 주변에 양재천도 있어 주거여건이 쾌적하다는 평가가 나온다. 서울 외 광명, 의왕, 성남, 시흥, 의정부, 인천 등의 수도권 공공택지 부지는 서울과의 교통 접근성이 뛰어난 지역이다.

가락지구

송파구 가락동의 초대형 단지 '송파헬리오시티' 입주가 이루어지면서 이곳의 주변 환경이 변화하고 있다. 이 아파트는 옛 가락시영 아파트를 재건축한 단지다. 종전 6,600여 가구를 9,510가구로 늘려 짓는 매머드급 아파트다. 단일 단지로는 역대 최대 규모다. 부지

면적만 서울 여의도공원(약 23만㎡)의 두 배에 가깝다. 현대산업개
발과 삼성물산, 현대건설 등 대형 건설사 세 곳이 시공했다. 이 메
머드 단지가 들어서면서 이 지역은 교통환경과 주거환경이 큰 폭
으로 달라지고 있다.

고덕지구

서울 강동구 상일동역 주변의 모습은 택지지구를 방불케 한다. 사
방이 공사 담장으로 둘러싸인 가운데 전에 있던 낡은 아파트 단지
들은 온데간데없었고, 대신 여기저기 우뚝 솟은 타워크레인들이
눈에 들어왔다. 도로에는 덤프트럭과 레미콘 차량 여럿이 분주하
게 오갔다. 2만 가구의 신흥 주거지로 재탄생하고 있는 강동구 고
덕지구의 모습이다. 고덕지구는 '고덕주공 6단지'를 분양하면서 사
실상 마지막 단추를 채웠다.

　고덕지구는 애초 강동구 고덕동·명일동·상일동 일대 934,730
㎡ 부지에 1980년대 초 들어선 고덕주공1~7단지와 고덕시영 등 1
만여 가구 아파트로 이뤄져 있었다. 지난 2008년 서울시가 '고덕
택지지구 재건축 정비계획 가이드라인'을 확정했지만, 금융위기
등으로 사업은 더디게 진행됐다. 최근 수 년 사이에는 재건축 연한
단축 등에 힘입어 속도를 내는 단지들이 늘었다. 고덕지구는 녹지
가 많아 주거환경이 쾌적하다는 평가를 받는다. 이마트와 강동경
희대병원, 강동아트센터, 강동첨단업무단지 등이 이미 갖춰져 있
다. 인근에 고덕상업업무복합단지와 강동엔지니어링복합단지가

각각 2020년과 2022년에 들어설 예정이라 배후수요가 더 커질 곳으로 꼽혀왔다. 고덕상업업무복합단지는 기업들을 대상으로 용지를 공급하고 있다. 강동엔지니어링복합단지는 서울시 등으로부터 산업단지 계획 승인을 앞두고 있다. 기반 시설이 다 갖춰지면 상주인구가 총 7만 명에 이를 것으로 예상된다. 배재고, 광문고, 한영고, 한영외고, 명일여고 등도 가깝다.

동남권 한 줄 요약 포인트

강남도심 : 영동대로 지하 복합개발 프로젝트. 명실상부한 서울의 '교통허브'와 문화상권 중심지로 도약 전망.

잠실광역 : 잠실운동장 부지를 종합적으로 개발해 전시컨벤션시설, 실내스포츠콤플렉스 등의 일자리 중심의 시설물로 개발.

수서·문정지구 : 수서역이 '제2 철도허브'로 탈바꿈. 경기도 구리시에서 세종시 장군면을 잇는 '서울~세종 고속도로' 개발 계획으로 호재 증가.

반포지구 : 한강을 조망할 수 있는 강남권의 메인 입지. 교통, 학군, 상권에서 최고 지역.

방배지구 : 체계적인 도시계획 준비. 내방역과 서초역을 연결하는 버스노선을 신설.

개포지구 : 양재천으로 주거여건이 쾌적. 경기 외곽과의 연계성이 높은 지역.

가락지구 : 교통환경과 주거환경이 큰 폭으로 달라지는 지역. 입지가 점점 좋아질 전망.

고덕지구 : 녹지가 많아 주거환경이 쾌적. 고덕상업업무복합단지는 기업들을 대상으로 용지를 공급. 일자리 증가로 거주 수요 증가 전망.

도심권의 미래가치 조망

서울 도심권역은 종로구, 중구, 용산구로 나눠져 있다. 이 지역의 면적은 5,600㎡(서울시 면적의 9.4%)이고 인구는 55만 명(서울시 인구의 5.4%)이다. 이 지역은 1394년 조선시대의 한양 천도가 단행된 이후 도성을 중심으로 도시구조가 변화하면서 현재의 도심권이 형성됐다.

도심권은 역사문화도심으로서의 위상을 높여 나가는 키워드와 글로벌 경쟁력 강화라는 발전 방향을 지니고 있다. 종로구와 중구는 노후 주거지로서 주거환경 개선이 필요하다. 용산구는 주한미군 부대의 이전이 이뤄지면서 용산공원 개발을 앞두고 있다. 도심의 주거환경이 달라지는 호재를 맞이하는 것이다. 도심의 환경에 맞는 맞춤형 주거대안도 제시된다. 박원순 시장의 종로·광화문 일대 도심의 공공임대주택 정책 등이 그것이다.

도심권 발전구상도

도심권의 교통과 개발 호재 지역

한양도성 중심

서울시가 5년 넘게 준비해 온 한양도성의 세계유산 등재가 실패로 돌아갔다(2017년). 세계유산에 이름을 올리려면 유네스코 자문

기구인 국제기념물유적협의회(ICOMOS, 이코모스)의 평가를 통과해야 하는데, 이코모스는 사전심사에서 한양도성에 '등재 불가' 판정을 내린 것이다. 한양도성은 세계유산으로 등재된 다른 도시 성벽과 비교했을 때 필수 조건인 '탁월한 보편적 가치(OUV·Outstanding Universal Value)'를 충족시키지 못했다는 평가를 받았다. 도성이 600년간 유지됐지만, 행정적으로 관리돼 오늘날까지 이어진 전통으로 볼 수 없다는 평가도 나왔다. 한양도성이 1396년 내사산(백악산·남산·낙산·인왕산)의 능선을 따라 축성된 이래 꾸준히 유지·보수되며 자리를 지켰고, 자연과 어우러진 서울의 경관이 돼 왔다는 점에서 13번째 세계유산이 될 것이란 기대가 컸지만 다음 기회로 미뤄졌다.

한양도성 지역의 부동산 가치는 쉽게 측정할 수 없다. 일반 시민이 활용할 부지가 크지 않기 때문이다. 다만 종로구에 공급된 대단지 신규 아파트인 경희궁 자이의 시세는 강남 못지않았다. 이 지역 부동산 가치의 파급력을 대변해 주는 사례다.

2018년 박원순 시장은 스페인 바르셀로나에서 진행한 기자간담회에서 정부의 수도권 주택 공급 확대 추진과 관련한 의미있는 이야기를 했다. 그린벨트를 풀지 않는 범위 안에서 주택 공급의 필요성을 강조하며 도심 업무빌딩 일부에 공공임대주택이나 분양주택을 만들었으면 한다고 밝혔다.

업무용 빌딩 내 주택 공급을 도심 활성화와 주택 공급의 '두 마리 토끼'를 잡을 수 있는 방안으로 제시한 것이다. 도심 임대주택 공급은 비단 서민층뿐만 아니라 중산층도 대상으로 하겠다는 뜻도 밝혔다.

사실 종로·광화문 일대는 조선시대 4대문과 한양도성 문화재, 청와대 등이 위치해 있어 엄격한 고도제한을 적용받고 있다. 실제 2018년 사업시행인가가 난 세운4구역은 2004년 최초 사업계획 수립 당시 높이 122미터, 최고 36층의 고층 개발이 추진됐으나 문화재청이 세계문화유산인 종묘 앞에 고층 빌딩을 지으면 안 된다고 제동을 걸면서 현재 최고 높이 72미터, 최고 18층으로 사업이 추진되고 있다.

서울시가 검토에 착수한 대로 4대문 내 고도제한이 완화되면 구도심도 신축을 중심으로 업무·주거 복합개발 사업성이 높아질 수 있다. 서울시와 서울주택도시공사(SH공사)는 세운재정비촉진지구에서 주거비율 상향과 고도제한 완화, 용적률 인센티브 등으로 주택 공급 1,000가구 이상 확대를 목표로 계획 변경을 검토하고 있다.

이러한 도심 빌딩 주택 공급은 부유층 대상 일반분양, 중산층용 임대, 서민용 공공임대 등 3가지 형태로 이뤄질 전망이다. 서민용 임대주택은 미국 뉴욕시의 '어포더블 하우징(affordable housing)' 제도가 모델이 될 것으로 보인다. 이는 민간사업자에게 용적률 인센티브를 주는 조건으로 전체 공급 주택의 10~20%를 지방자치단체가 기부채납 받는 방식이다.

다만 민간사업자가 대규모 기부채납을 하고도 사업성을 확보하려면 용적률이 현재보다 크게 높아야 한다. 현재 서울 상업지구 용적률은 800%이며 이 가운데 주거용도 부문은 600%다.

앞으로 도심의 임대주택 정책이 실현되고, GTX-A노선과 GTX-B노선이 놓여질 경우, 지 이역의 가치는 매우 커질 것으로 전망된다.

한남뉴타운

한남뉴타운은 이태원·이촌·한남·동빙고동 일대 111만㎡에 아파트 등 주택 1만1,658가구가 들어설 예정이다. 한남뉴타운의 입지가 좋다는 데는 거의 이견이 없다. 배산임수 지형을 갖추고 서울 강북 도심과 강남권이 모두 가깝다. 미군기지 이전에 따른 용산민족공원 조성 호재도 있다. 반면, 한남뉴타운 중심부와 동쪽 지역은 전철역이 멀고 학군이 조성되는 데 시간이 걸린다는 점은 약점으로 꼽힌다.

5개 구역으로 나뉜 한남뉴타운은 구역마다 사업 속도에서 차이가 크다. 이태원역과 녹사평역 사이 한남뉴타운 1구역은 지난해 3월 정비구역에서 해제됐다. 남은 구역 중 사업 속도가 가장 빠른 곳은 3구역이다. 2017년 10월 가장 먼저 건축심의를 통과했다. 3구역은 면적이 393,729㎡로 전체 뉴타운의 3분의 1 가량을 차지할 만큼 크다.

한남3구역은 건축심의가 보류됐다가 다시 도전해 2017년 10월 심의를 통과했다. 서울시가 건축물 높이를 해발 90미터 이하로 제한하면서 최고 층수도 당초 계획된 29층에서 22층으로 낮아졌다. 3구역에는 테라스하우스를 포함한 공동주택 195개동, 총 5,816가

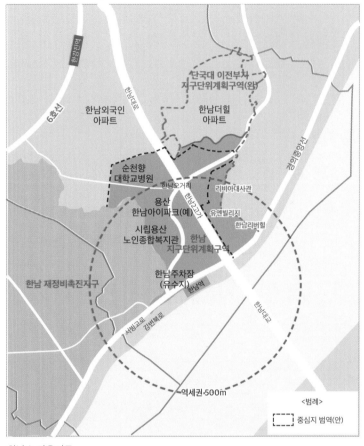

한남 뉴타운지구

구가 들어설 계획이다. 전체 가구의 83.7%가 국민주택규모(85㎡)
이하인 중소형으로 짓는다.

　한남뉴타운이 완성되면 서울의 중심주거지가 될 것으로 보인다.
주변에 '용산민족공원'과 '용산마스터플랜 개발' 등도 개발돼 여건
도 아주 좋아질 것이다. 즉 한남뉴타운 지역은 제1 가치주로 떠오
를 것이다.

이 지역은 서울의 중심부에 위치하여 주요 업무 지구로의 이동이 편리하다. 남산터널을 이용하면 종로 업무 지구로 빠르게 이동할 수 있다. 강변북로, 반포대교, 한남대교 진·출입이 쉬워 여의도권과 강남권도 20분 거리다. 남산과 한강 사이에 위치한 전통적인 부촌으로 주거환경이 쾌적하다. 인근에 국내 최대 규모의 도시공원인 용산민족공원이 들어설 예정이며, 세빛섬이 있는 반포한강공원과 가까워 산책과 여가를 즐길 수 있다. 맛집과 카페로 유명한 이태원·경리단길 상권도 가깝다.

도심권의 상권 호재 지역

동대문지역

동대문 상권은 청계천과 (구)동대문운동장역, 동대문역을 중심으로 발달한 우리나라의 대표적인 상권 중 한 곳이다. 흥인·덕운 시장으로 대표되는 이 지역은 남대문 상권과 함께 대한민국을 넘어 해외의 보따리상, 관광객에게도 각광받는 대표적인 의류상권이기도 하다.

동대문상권이 이처럼 발달하게 된 것은 1998년 밀리오레가 등장하면서부터다. 의류도매상권으로 국한돼 전국의 의류상인들만 넘치던 이곳에 10~20대 젊은이들이 새로운 소비층으로 등장하면서 상권은 새로운 가능성을 보이기 시작했다.

동대문 상권은 트리플 역세권으로 지칭되는 2, 4, 5호선 환승역인 동대문역사문화공원역(구 동대문운동장역)에 인접해 있으며 강남, 강북을 넘나드는 버스 노선 등이 있어 유동인구와 접근성 측면에서 매우 큰 강점을 가지고 있다.

애초 동대문상권은 도·소매의류로 유명했던 상권으로 현재도 대형쇼핑몰과 시장 건물 등에서 활발한 도·소매 거래가 이뤄지고 있다. 또 동대문역사문화공원역 13, 14번 출구쪽 두타, 밀리오레, 케레스타, apm, 굿모닝시티 쇼핑몰이 위치해 있는 지역은 1층 점포와 로드샵 위주의 상권도 함께 발달되어 있어 유동인구의 시선을 사로잡는다. 동대문운동장이 DDP(동대문디자인플라자)로 개발된 이후에는 서울을 대표하는 관광명소로도 기능하고 있다.

동대문 지역은 전철 교통망이 잘 구축돼 있다. 1·4호선 동대문역, 2·4·5호선이 지나는 동대문역사문화공원역, 1·6호선의 동묘역 등 교통망은 이 지역의 상권에도 청신호를 줄 것이다. 또한 주변의 주거지역으로도 활용할 수 있는 입지로 기대가 모아지고 있다.

도심권의 환경 호재

용산 개발

남산을 등지고 한강변에 자리한 배산임수 지형이자, 서울의 최중심부에 위치해 최고 명당으로 꼽히는 용산. 용산 미군기지(총면적

265만 4000㎡) 이전과 서울시 한강변 개발 등이 맞물려 꾸준한 관심을 받고 있다. 미군기지 이전에 따라 조성될 용산공원을 중심으로 좌측에는 국제업무지구 조성사업이, 우측에는 한남뉴타운 사업이 한창 진행 중이다.

용산구는 3개 구역으로 구분할 수 있다. 용산은 가운데에 녹지를 조성하고 서쪽에 최고의 업무 중심 타운, 동쪽에는 초고급 주거단지를 만드는 것이 특징이다. 동쪽 주거지역에서는 한남뉴타운에 주목해 볼 수 있다. 한남뉴타운은 개발 완료 후 반포의 아파트보다 시세 면에서 충분한 경쟁력을 갖출 수 있다.

실제 한남뉴타운 인근 '나인원 한남'의 사례를 들 수 있다. 나인원 한남은 용산구 한남동 옛 외인아파트 부지에 조성하는 초고가 주택 단지로, 임차가구(세입자) 341가구를 모집하는데 무려 1,886명이 몰려 평균 경쟁률 5.53대 1을 기록했다. 당초 3.3㎡당 6,300만 원 안팎의 국내 최고가 분양을 하려다가 공공기관인 주택도시보증공사 분양 보증을 받지 못해 보증금만 33억~48억원에 달하는 '임대 후 분양' 방식으로 전환했는데도 이례적으로 거주·투자 수요가 대거 몰린 것이다.

2018년 주한미군사령부가 경기도 평택으로 이전하면서, 2018년 말 예정된 용산기지 반환 일정이 마무리 단계에 접어들었다. 1906년 4월 일본이 대한제국으로부터 부지를 사들인 지 112년 만에, 1945년 해방 후 미군이 주둔한 지 73년 만에 굴곡의 현대사를 간직한 용산이 국민의 품에 다시 안기게 되는 것이다. 주한미군사령부 이전은 주한미군 용산 시대의 끝을 알리는 상징적인 사건이라

남산공원

전쟁기념관

용산역 국방부
국제업무지구

한강대교

국립중앙박물관

노들섬   동작대교

용산공원 배치도

볼 수 있다.

주한미군사령부가 빠져나간 용산 미군기지에는 한미연합사 등
이 남아 있다. 한미연합사 역시 용산 국방부 영내에 있는 국방시설
본부로 이전한다. 이 외 주한미특별연락관, 의료지원부대 등 일부
부대는 2020년까지 이전을 완료할 계획이다. 주한미군의 이전이
속속 이뤄지며 용산 역시 달라질 미래가 하나씩 그 윤곽을 나타내
고 있다.

미군이 모두 이전한 서울 용산 미군기지 터에는 '용산국가공
원'(243만㎡)이 들어선다. 미군 이전 완료 후 공원 개장까지는 10년
가까이 소요될 거라는 예상이다. 우선 미 주둔군 지위협정(SOFA)
에 따라 2~4년이 걸리는 토지 반환 절차를 거쳐야 한다. 기지시설
조사, 환경오염 조사, 오염정화 작업이 이어진다. 이후 SOFA 합동
위원회에서 기지 반환을 최종 승인하면 문화재청이 문화재 조사를
실시한다.

이와 동시에 국토교통부에서 공원 조성 작업에 들어간다. 공원 조성의 청사진은 아직 나오지 않았다. 지난 2014년 미군 하야리아 부대 터에 개장한 부산시민공원(52만㎡)의 경우 조성 공사에만도 3년이 걸렸다. 정부에서도 용산국가공원의 청사진을 세부적으로 검토 중이다.

도심권 한 줄 요약 포인트

한양도성 : 600년 역사를 지닌 대한민국의 수도. 종로구 경희궁 자이의 시세는 강남 수준으로 이 지역의 가치를 반영.

한남뉴타운 : 국내 최대규모의 도시공원인 용산 민족공원 건설. 한남뉴타운 완성 후 서울의 최대 중심 주거지 전망.

동대문 지역 : 1·4호선 동대문역, 2·4·5호선이 지나는 동대문 역사문화공원역, 1·6호선의 동묘역 등 교통망 발달. 대표적인 의류상권.

용산 : 남산을 등지고 한강변에 자리한 배산임수 지형. 강남 못지 않은 주거지역의 경쟁력.

SEOUL

서남권의 미래가치 조망

서울시 서남권은 행정구역상으로 강서구, 금천구, 구로구, 관악구, 동작구, 양천구, 영등포구 등 7개 지역으로 구성돼 있다. 면적은 163㎢(서울시 면적의 26.9%), 인구는 317만 명(서울시 인구의 30.4%) 이다.

서남권은 영등포·여의도라는 도심을 기반으로 한다. 이 지역은 중심지로서 역할을 부여받으며 국제금융 중심지(IFC)로서 대규모 업무 기능의 역할이 부여될 계획이다. 또한 가산·대림 광역 중심 지는 R&D, 첨단산업 분야 도입과 융복합 산업 중심지로서의 육성 발전을 목표로 한다. 봉천지역의 경우 업무, 판매, 문화 등 복합 업무거점으로 육성할 계획이다.

서남권 발전구상도

서남권의 교통과 개발 호재 지역

영등포 · 여의도 도심

서울 2030 플랜에는 영등포와 여의도를 증권거래소 등을 중심으로 국제금융 중심지(IFC)로 육성하겠다는 계획이 세워져 있다. 서울시는 이미 여의도에 자리 잡고 있는 여러 증권사와 은행 등이 더욱 큰 시너지를 낼 수 있도록 여건을 마련해주면 역사문화 중심지 종로, 국제업무 중심지 강남 등과 더불어 3도심으로서 역할을 충분히 할 수 있을 것으로 내다보고 마스터플랜 수립을 마무리하고 있다. 특히 기존 주거지역들을 상업용도로 '종상향'하는 방안이 포함될 것이라는 전망에 부동산업계가 주목하고 있다.

서울시는 여의도 일대에 있는 노후화한 아파트 부지를 모두 일반주거 지역에서 상업 지역으로 종상향하는 방침을 세우고 세부 검토 작업을 벌이는 것으로 알려졌다. 부지가 일반주거 지역에서 상업 지역으로 변경되면 여의도에 51층 이상의 복합 주거단지 조성이 가능해진다. 국제금융 중심지로서, 그리고 배후 주거단지로서 역할을 할 수 있도록 정책적으로 뒷받침하겠다는 것이다.

광역 교통망도 손볼 것으로 보인다.

물론 여의도 개발사업 마스터플랜의 앞날을 밝게 보는 시각만 존재하는 것은 아니다. 박원순 시장의 전임이었던 오세훈 전 시장은 2009년에 여의도 개발 등이 포함된 '한강 르네상스' 개발사업을 추진했지만 사업을 백지화할 수밖에 없었다.

서울시는 당시 여의도 개발사업에 따른 개발이익을 환수하기 위해 기부채납 비율을 40%까지 올려야 한다고 주장했다가 여의도 주민들의 거센 반발에 직면했다. 부지의 종상향을 통해 용적률을 완화해 주더라도 기부채납 규모가 크면 재건축사업의 사업성을 담보할 수 없기 때문이다. 박 시장은 재건축사업의 초과이익을 환수해 관련 재원을 '도시·주거 환경 정비기금'으로 조성, 활용하고 지역 균형발전 종합대책을 추진하겠다고 약속했는데, 여의도 개발사업에서 초과이익 환수 의지를 얼마나 보이느냐에 따라 사업의 성패가 갈릴 것으로 보고 있다.

한편 여의도 옆 영등포역 주변의 경우, 집창촌 등의 혐오시설을 개선하면 오히려 선호지역으로 뒤바뀔 가능성이 충분하다.

마곡 광역중심

부동산 분야에 종사하는 사람들은 이른바 임장이라 불리는 현장답사를 중시한다. 서울 서남권에서 뜨거운 지역 중의 하나가 마곡 지역이다. 필자는 이 지역을 2018년 10월 방문해 보았다.

서울 강서구 마곡산업단지 D28-1연구용지. 마곡역과 LG사이언스파크 사이에 자리 잡은 부지에서는 냉난방기기 전문기업 귀뚜라

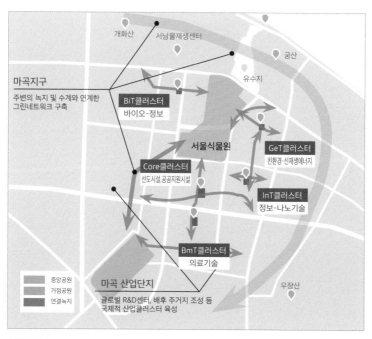

마곡지구

미가 짓는 '마곡 귀뚜라미 연구센터' 공사가 한창이었다. 지하 3층, 지상 11층 규모 'L'자 형태 건물은 파란색 안전망으로 둘러싼 채 인부들이 분주히 오가며 외장재 부착 작업을 하고 있었다. 귀뚜라미그룹은 공사가 끝나는 2018년 12월부터 경북 청도, 충남 아산, 인천에 흩어져 있는 귀뚜라미·귀뚜라미범양냉방·센추리 등 5개 계열사 연구·개발(R&D) 인력 300명을 마곡 R&D센터로 모을 예정이다.

마곡산업단지가 새로운 R&D 메카로 떠오르고 있다. 2017년 말부터 LG그룹·코오롱·롯데그룹 등 대기업 연구소가 자리 잡은 데 이어 2018년 말부터는 중소·중견기업의 입주가 본격화되고 있다. 바이오 벤처기업들도 마곡에 자리 잡기 시작했다.

마곡산단은 서울시가 실리콘밸리를 본떠 조성한 융·복합 산업단지다. 전체 부지는 축구장 100개에 이르는 81만1,111㎡에 이른다. 판교테크노밸리(66만1,000㎡)보다 큰 규모다. 예정했던 149개사가 모두 입주하면 신규 일자리 5만~6만 개를 포함해 마곡산단 고용 규모가 10만 명에 이를 전망이다.

마곡산단이 있는 마곡동 일대는 10여 년 전만 해도 논밭이 대부분이었다. 1996년 지하철 5호선 개통과 함께 세워진 마곡역은 교통 수요가 없어 2008년까지 12년 동안 무정차 역으로 있었다. 하지만 2014년 1만 가구가 넘는 아파트 단지인 '엠밸리'가 입주를 시작하고 기업들도 2017년부터 본격적으로 들어오면서 이 지역은 '상전벽해'의 변화를 겪고 있다. 마곡역 주변 시세도 크게 상승했다.

마곡지구 최대 장점 중 하나는 편리한 교통 인프라다. 올림픽대로, 서울외곽순환고속도로, 인천국제공항고속도로 등을 갖췄다. 지하철 5호선 마곡역과 9호선 마곡나루역도 이용할 수 있다. 여기에 2018년 말 공항철도도 개통했다.

우선 마곡역을 중심으로 강서세무서, 강서구청 등 행정타운이 들어선다. 마곡나루역 인근에는 오피스타운과 오피스텔이 형성돼 유동인구가 풍부할 전망이다. 서울식물원 개장을 앞두고 관광객 유입까지 고려하면 유동인구는 더 늘어날 것으로 보인다.

고급 베드타운 목동 아파트

목동 아파트 매매가는 꾸준히 상승선을 달리고 있다. 재건축 기대감과 함께 교육제도 개편으로 좋은 학군에 이주를 원하는 학부모들과 마곡지구 개발로 가까운 목동에 입주를 희망하는 수요까지 겹치고 있기 때문이다.

이 가운데 목동신시가지1~7단지는 이미 재건축 연한을 채웠고 올해 8~14단지까지 그 연한을 채우게 된다. 대치동, 중계동과 함께 3대 학군으로 불리며 학부모들 사이에서는 인지도가 높은 이 일대는 더욱 각광받고 있다.

이미 재건축 연한을 채운 목동신시가지 7단지아파트는 역세권 단지로 특히 인기가 많다. 이 단지는 1986년 11월 입주했으며, 최고 15층, 34개동, 전용면적 59~101㎡, 총 2,550가구 규모다.

목동7단지를 포함한 이 지역의 가장 큰 강점은 명문학교와 체계적인 학원가라 볼 수 있다. 2018년 외고, 자사고 등 입시제도의 변화에 따른 우선선발권 폐지로 더 인기가 오를 기세다. 2~3년 전부터는 재건축 이슈가 나오면서 이 일대의 미래가치가 더 주목받고 있다.

이 지역은 5호선 목동역이 도보거리에 있고 오목교역도 멀지 않다. 차량 이용 시 서부간선도로, 올림픽대로 등으로 진입이 수월해 교통이 편리하다. 교육시설로는 목운초, 목운중, 서정초, 진명여고, 목동초, 목동중, 양목초, 신서고, 대일고, 강서고, 영도초 등의 명문학교와 학원가가 가깝다.

이마트 목동점, 현대백화점 목동점, 홈플러스 등 대형 복합상가와 아파트 단지 주위에 병원, 은행, 우체국 등 다양한 편의시설들이 있어 생활이 편리하다. 인근에 안양천이 흐르고 봉제산, 매봉산이 멀지 않아 여가를 즐기기 좋다.

경인선의 지하화 추진도 이 지역에는 호재다. 현재 8차로인 경인선을 지하 6차로와 지상 6차로, 총 12차로로 늘리고 이용자들이 지하의 고속도로와 상부의 일반도로를 선택할 수 있게 한다. 2020년 착공해 2025년 개통을 목표로 하며 통행속도가 평균 시속 $44km$에서 시속 $90km$로 두 배 이상 빨라져 연료비 절감 등으로 연간 약 1,350억 원의 편익이 발생할 전망이다. 기존 경인고속도로가 지나던 공간에 녹지공간을 8만m^2 이상 조성하고 기존 나들목·영업소 유휴부지 활용방안을 마련해 경인선이 도시재생의 중심이 되도록 한다는 구상이다. 그 주변부인 목동 아파트에도 호재일 수밖에 없다.

가산·대림 중심지

이 지역에는 교통망과 관련한 개발 내용이 있다. 먼저 서울시가 준공된 지 40년을 훌쩍 넘긴 구로철도차량기지를 경기 광명시 노온사동으로 이전하는 방안을 본격 추진한다. 25만3,224㎡ 규모의 부지에는 상업·업무시설과 녹지공간이 어우러진 복합시설이 들어설 예정이다. 이적지 개발에는 총 1조원이 투입될 전망이다. 서울시는 이 지역을 서울 서남권의 중심축으로 만들 계획이다.

서울시에 따르면 시는 구로구와 구로차량기지 이전에 관한 실무 협의체를 구성했다. 이에 앞서 지난 3월 구로차량기지 이적지 활용 구상을 담은 도시관리계획 수립 용역도 구로구와 공동 발주했다. 차량기지 이전은 이 지역의 호재가 될 수밖에 없다.

다음으로 신안선이 지난다. 여의도부터 구로, 가산, 시흥, 안산시까지 일자리가 집중된 지역을 통과해 교통의 접근성이 좋아진다. 마지막으로는 서부간선도로의 지하화이다. 주변부의 환경을 획기적으로 변화시켜 주변 거주민의 혜택과 상권 활성화가 모두 이뤄질 전망이다.

서남권의 상권 호재 지역

봉천지구의 서울대 상권

지하철 2호선 서울대입구역을 두고 '서울대 없는 서울대입구역'이라는 말이 있다. 역에서 서울대까지 걸어가기는 부담스러운 거리인데다, 가파른 경사길을 계속 올라가야 하는 부담도 있다. 대부분 학생들은 일반버스나 셔틀버스를 이용해야 하는데 이를 빗댄 우스갯소리인 셈이다.

원래 이곳은 1인 가구가 많았지만 유동인구나 개발호재를 내세울 수 없던 평범한 골목 상권이었다. 그런데 경기 불황에 소득 불안정으로 가성비가 소비 트렌드로 뜨면서 새로운 상권으로 탄생한 것이다. 상대적으로 저렴한 가격을 내세운 음식점들이 뜻밖의 호응을 얻은 결과다.

입지에 비해 낮은 임대료도 한 몫 했다. 20~30대 청년들이 가게를 열겠다며 몰려들었고, 하나둘씩 입소문을 타며 자리잡기 시작했다. 부담없는 가격과 세련된 맛으로 혼밥족을 타깃으로 한 상권이 형성된 것이다. 특히 신사동 가로수길이나 이태원 경리단길까지 가야 맛볼 수 있는 이국적인 음식을 즐길 수 있어 유명세를 빨리 탔다. 이곳은 경전철 신림선이 추가되고 기존 2호선이 뒷받침돼 출퇴근의 편리성을 보면 이전보다 가치가 상승할 것으로 전망된다.

복합환승센터 건립의 사당·이수 개발

사당-이수역 복합환승센터는 서초구 방배동 507-1 일대의 11,777 m^2 규모의 주차장 부지와 13,500 m^2 규모의 지하광장(일반 3종 주거 지역)에 복합환승센터를 비롯해 주거·업무·편의시설을 짓는 복합 개발사업이다. 2004년부터 추진됐지만, 사업성 문제로 오랜 기간 답보했다가 2015년 말 환승센터가 들어설 서초구 방배동 사당 주차장 부지 소유권자인 서울시가 센터 건립 사업자인 서울메트로에 부지를 현물로 출자하면서 비로소 사업에 청신호가 켜졌다.

사업이 완료되면 최고 29층 높이의 업무·문화·상업·교통 요충지가 탄생하게 된다. 애초 서울메트로는 지상 36층, 최고높이 141m로 지하환승센터 위 상가와 오피스텔, 업무동 1개 동을 짓고

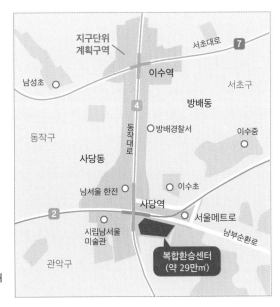

사당역 복합환승센터
건립 사업

부대시설이 포함된 주상복합 2개 동을 짓는 안을 마련한 바 있다. 그러나 지구단위계획 수립과정에서 서울시는 최고 높이를 100m로 제한하고 지나친 교통유발 시설은 별도의 대책을 함께 도입해야 한다고 못 박았다. 이에 따라 서울메트로는 최고 29층 높이로 사업안을 재검토했다.

환승센터는 전체 복합시설 면적의 7.3%만 차지한다. 30% 정도는 판매시설이 유치되고 업무·문화시설도 조성된다. 서울메트로는 아파트 혹은 주거용 오피스텔 등도 넣어 다양한 수익을 창출한다는 방침이다. 침수가 잦은 지역인 만큼 10만톤 규모의 빗물저류조도 들어선다.

복합환승센터가 건립돼 지하철과 광역버스를 한 번에 갈아탈 수 있게 되면 사당역 일대의 혼잡과 교통 체증이 완화될 전망이다. '교통지옥'이 '교통천당'으로 바뀌는 것이다. 주변 시세에도 좋은 영향을 미칠 것으로 예상된다.

이는 사당역 상권에도 청신호를 줄 수 있다. 이곳 상권은 애초 유행을 즉각적으로 반영하는 트렌디한 상권은 아니지만 늘 지갑을 열 준비가 된 상권이라는 것이 관계자들의 평가다. 사당역 상권은 지하철 2호선과 4호선이 교차한다. 출퇴근 직장인과 통학생 등으로 아침 이른 시간부터 다음날 새벽까지 항상 유동인구가 풍부하다. 사당역은 지하철뿐만 아니라 서울에서 경기도 과천·안양·수원 등으로 연결되는 광역버스가 몰려드는 환승 거점이기도 하다.

주변에 초·중·고등학교가 많고 서울대·숭실대 대학생들과 경기도 소재 대학생들도 사당역 일대를 만남의 장소로 애용한다. 실제 사당역은 지하철 승하차 이용객이 하루 평균 15만 5,000여명으로 서울에서도 손에 꼽힐 만큼 많다. 이러한 유동인구가 복합환승센터와 시너지를 이뤄 상권 활성화에도 기여할 것이다.

서남권의 환경 호재 지역

IT 기업의 메카인 금천

광명과 이웃하고 있는 금천구는 큰 변화가 진행되고 있다. 2010년 이전한 육군 도하부대 부지가 광역주거 및 상업, 업무복합 단지로 개발되고 있기 때문이다. 현재 이곳에는 4,400여 가구의 주거시설 (아파트, 오피스텔)과 상업시설, 오피스, 대형마트, 경찰서 등이 조성되고 있다. 대규모 개발로 주목을 받으면서 주거, 상업시설의 분양은 연이어 완판을 기록했다.

　서울에서 집값이 가장 싼 동네로 인식되던 금천구. 공단 이미지가 강했던 과거와 달리 최근에는 IT기업의 메카로 변신을 이뤄낸 데다 대규모 개발사업이 하나 둘 현실화되면서 지역 모습도 신도시 수준으로 바뀌고 있다. 강남순환도로 개통으로 강남 출근길이 수월해진 데다 한양대에서 여의도로 연결되는 신안산선 개통 호재를 갖춰 교통여건도 대폭 개선될 것으로 예상된다. 더디지만 활발하게 진행 중인 개발사업과 교통망 개선이 현실화되면 금천구의 가치는 더욱 뛸 것이라는 점은 분명해 보인다.

차량기지 이전 앞둔 구로지구

서울에서도 주거·교통 입지가 상대적으로 떨어지는 곳으로 여겨졌던 구로구가 각종 개발 호재를 등에 업고 수요자들의 관심을 받고 있다. 서울시가 구로차량기지 이전 용역을 진행하며 복합시설 건립이 예정됐고, 재건축·재개발 등 도시정비사업이 최근 속도를 내면서 주택시장의 기대도 커지고 있다.

구로구의 경우 신도림동 정도를 제외하면 거주지로는 크게 선호되지 않던 지역이다. 주거환경이 아직 정비되지 않은 곳이 많고, 서울 중심 업무지구인 시청·을지로·종로나 강남 등과 거리가 멀기 때문이다. 학군이나 편의시설 등도 서울의 다른 자치구와 비교하면 그다지 뛰어나지 않다는 평가를 받아왔다.

하지만 최근에는 각종 개발 호재가 나오면서 집값 기대가 커지고 있다. 먼저 준공된 지 40년이 넘은 구로철도차량기지가 경기 광명으로 이전한다. 25만3,224㎡ 면적에는 복합시설이 들어올 예정이다. 서울시는 구로차량기지 이적지 활용 구상을 담은 도시관리계획 수립 용역을 구로구와 공동 발주했다.

준공업지역의 독산지구

낡은 공장건물들과 주택들이 뒤섞여 있는 지하철 1호선 독산역 일대를 신산업단지로 재정비하는 사업이 본격화된다. 금천구는 독산동 1,001번지 일대 독산역 주변을 준공업지역 지구단위계획 구역 지정 및 계획 수립안을 세웠다.

독산역 인근 지구단위계획 구역 면적은 29만4,491㎡로, 1980년 대 지어진 공장과 주택들이 뒤섞여 있는 준공업지역이다. 2023년 신안산선 개통, 두산로 지하차도 신설 및 롯데알루미늄 부지 개발 등 주변 환경 변화에 따른 유동인구 증가로 역세권 기능과 국가산 업단지 배후지 기능이 강화될 것으로 예상된다. 드디어 독산지구 도 개발이 이루어지는 것이다.

'제2의 마포' 노량진지구

서울 동작구 노량진 일대 재개발 사업이 재정비촉진지구(뉴타운지 구) 지정 14년 만에 속도를 내고 있다. 노량진뉴타운 내 대부분 구 역에서 조합 설립이 마무리됐고, 일부 구역은 시공사 선정 작업에 착수하는 등 사업을 진척시키는 중이다. 서울 서부권역에 위치했 지만 강남권, 도심 접근성이 좋아 알짜 입지로 꼽히는 노량진은 개 발이 완료되면 '제2의 마포'로 거듭날 것이란 기대가 높다.

노량진뉴타운은 서울 동작구 노량진동, 대방동 일대 73만8,000 ㎡ 규모로 2003년 서울시 2차 뉴타운지구로 지정됐다. 2009년 노 량진뉴타운 내 6개 구역이 지정됐고 이듬해 대방동 일대 1,000㎡ 가 7~8구역으로 추가 지정됐다. 8개 구역 개발이 모두 끝나면 노 량진뉴타운은 총 8,000여 가구 규모의 주거지로 거듭난다. 다만 2003년 처음 뉴타운으로 지정됐지만 아직까지 사업이 마무리된 곳이 없다. 개발사업이 10년 넘게 좀처럼 속도를 못 낸 것이다. 구역 간 경계가 모호하게 중복 지정된 데다 노량진수산물시장 등을 중심으로 복잡한 토지 이해 관계가 얽히고설켰기 때문이다. 낙후된 이미지 탓에 투자자로부터 오랜 기간 외면받은 점도 개발 지연에 한몫했다. 그랬던 노량진뉴타운이 최근에는 부쩍 사업 속도를 내면서 기대를 모으고 있는 것이다. 시공사 선정을 마친 구역이 있는가 하면 나머지 구역도 사업시행 인가를 마치거나 건축심의를 준비 중이다.

경전철 호재의 신대방지구

서울 관악구 난향동과 동작구 보라매공원을 잇는 경전철 난곡선이 2022년 이전 조기 착공한다. 서울시는 민간자본으로 추진했던 난곡선 사업을 시 예산을 직접 투입하는 재정 사업으로 변경했다. 이에 따라 사업 추진에 탄력을 받을 전망이다.

　난곡선 사업은 관악구 난향동을 출발해 지하철 2호선 신대방역을 경유, 동작구 보라매공원을 종점으로 한다. 총 6개 역을 짓는다. 이 사업은 2015년 서울시 10개년 도시철도망 구축계획에 따라 추진됐지만 민자사업자 선정에 난항을 겪으며 사실상 중단된 상태였다. 경전철이 가시화되면서 주변 시세에도 영향을 미치고 있다.

마곡의 배후지역 등촌지구

강서구는 LG사이언스파크 입주를 시작으로 150여 개의 연구기관과 기업이 73만㎡ 규모의 산업단지에 입주 중이다. 그야말로 상전벽해가 따로 없다. 여의도가 국내 정치 1번지라고 하면 국내 기업 1번지는 마곡지구라고 해도 과언이 아니다.

코오롱 그룹 1,200명, 롯데 중앙연구소 320명 등이 2018년 내에 입주하고, 넥센타이어, S오일, 귀뚜라미 보일러, 신신제약, 삼진제약, 대상 등의 기업이 오는 2020년까지 연차적으로 입주한다. 국내 대기업들의 각축장이라고 해도 과언이 아니다.

이에 따라 등촌지구가 분주하다. 가양동, 등촌(증미) 지역은 지하철 9호선의 가양역과 증미역을 도보로 이용할 수 있으며, 최근 기업들이 몰려가고 있는 마곡지구와 차로 5~10분대 거리이기 때문이다. 교통이 편리하고 마곡지역의 배후 주거지로서 그 위상이 올라가고 있는 것이다.

서남권의 기타 호재 지역

흑석뉴타운

연이은 고강도 규제책으로 서울 주택 시장이 얼어붙은 상황에서도 동작구 흑석뉴타운은 막바지 개발에 속도를 내고 있다. 지난해 정비사업을 마치고 분양한 단지 몸값이 1년 새 2억~3억원가량 훌쩍 뛰는가 하면 개발을 진행 중인 구역에서도 조합원 물건 매수 문의가 이어지고 있다.

총 11구역에서 해제 절차를 밟고 있는 곳을 제외하면 흑석뉴타운은 총 7개 구역에서 정비사업이 진행 중이다. 절반 이상이 입주 또는 분양을 마쳤다. 최근에야 집값이 강세를 보이지만 흑석뉴타운은 한강 이남에서도 입지에 비해 저평가된 지역으로 통한다. 한강을 접한 데다 지하철 9호선 '황금노선'이 지나는 덕분에 강남 3구(강남·서초·송파구) 접근성이 워낙 좋다. 흑석동은 뉴타운을 통해 주거환경이 급속도로 바뀌고 있다.

이곳은 서울 내 대규모 재개발 사업지로 사업 속도가 빠르고 교통과 주거환경이 좋아 투자 수요는 꾸준히 몰릴 것으로 보인다. 다만 정부의 규제 정책과 어떻게 조율하면서 뉴타운 사업이 속도를 낼 것인가가 관건이다.

공항지구

서울 강서구 방화뉴타운이 '옆동네' 마곡지구 개발에 힘입어 사업에 속도를 내고 있다. 방화뉴타운은 지난해 전체 구역의 3분의 1가량이 뉴타운지구에서 해제되는 아픔을 겪었지만 최근 뉴타운지구에서 해제되지 않은 구역을 중심으로 조합을 설립하는 등 달라진 모습을 보이고 있다.

김포공항과 마곡지구 사이에 있는 방화뉴타운은 2003년 11월 2

차 뉴타운으로 지정됐다. 지정 당시 전체 면적 50만8,607㎡에 1~8구역과 긴등마을 구역까지 총 9개 구역으로 나뉘어 있었지만 이 중 추진이 어려웠던 1·4·7·8구역은 뉴타운사업 지정구역에서 해제됐다.

이쪽 지역에서 눈길이 가는 곳은 101연대 군부대 부지다. 도심 내 군부대는 이전을 예상할 수 있기에 관심을 가질 만하다.

강서지구

화곡동은 화곡1동부터 화곡8동까지 총 8개의 동으로 이루어져 있다. 농사를 짓던 지역이 본격적으로 개발되게 된 것은 1967년부터이다. 화곡동은 한강과 가까우면서도 서쪽 바다로 가는 길목이 되기도 하였다. 인근에는 염창동이 있는데, 그곳은 소금을 보관하는 지역이었다. 화곡동은 가까이에 한강을 두고 있으며, 화곡본동을 기준으로 북쪽으로 우장산, 서쪽으로 수명산, 동쪽으로 봉제산과 매봉산(한 산의 줄기임), 남쪽으로 능골산에 둘러싸여 있다. 이곳은 화곡역에서 강서구청 사거리 구간에 광역철도가 계획돼 있는 것이 호재라 볼 수 있다.

서남권 한 줄 요약 포인트

영등포·여의도 : 여의도, 국제금융 중심지(IFC)로 육성. 영등포 역 주변 혐오시설이 선호지역으로 바뀔 전망.

마곡광역 : 마곡산업단지는 새로운 R&D 메카. 마곡지구 최대 장점은 편리한 교통 인프라로 일자리 배후 주거지역으로 각광.

목동 아파트 : 명문학교와 체계적인 학원가가 장점. 경인선의 지하화 추진은 큰 호재.

가산·대림 : 구로철도차량기지 이전 호재. 신안선과 서부간선도로의 지하화로 환경과 교통 개선 전망.

봉천지구 : 경전철 신림선이 추가되고 기존 2호선이 뒷받침돼 출퇴근의 편리성 담보. 젊은 층 겨냥 상권 호재.

사당·이수 : 복합환승센터 건설로 '교통지옥'이 '교통천당'으로 변모.

금천 : 공단 이미지의 과거와 달리 최근 IT기업의 메카로 부상. 신안산선 개통으로 호재.

구로지구 : 구로철도차량기지가 경기 광명으로 이전. 재건축·재개발 등 도시정비사업의 속도 가속화.

독산지구 : 2023년 신안산선 개통 호재. 유동인구 증가로 역세권 기능과 국가산업단지 배후지 기능.

노량진지구 : 알짜 입지로 꼽히는 노량진, 개발 완료되면 '제2의 마포.'

신대방지구 : 경전철 난곡선이 2022년 이전 조기 착공.

등촌지구 : 기업들이 몰려가고 있는 마곡지구와 차로 5~10분대 거리. 마곡지역의 배후 주거지.

흑석뉴타운 : 지하철 9호선 '황금노선'으로 강남 3구 접근성 호재.

공항지구 : 방화뉴타운, '옆동네' 마곡지구 개발에 힘입어 사업 속도 증가.

강서지구 : 화곡역에서 강서구청 사거리 구간에 광역철도 계획.

SEOUL
서북권의 미래가치 조망

서울시 서북권은 행정구역상으로 은평구, 서대문구, 마포구로 편재된 지역이다. 면적은 약 7,100㎡(서울시 면적의 11.8%), 인구는 약 122만3,000명(서울시 인구의 11.8%)이다.

서북권에는 상암·수색이라는 1개 광역 중심지가 있다. 또한 신촌, 마포·공덕, 연신내·불광이라는 3개 지역 중심지가 있다. 상암·수색 광역 중심지는 디지털 미디어 기반의 국제적인 창조문화 발신지로서 주목되는 지역이다. 일자리 창출이 가능한 상암과 생활 편의시설이 부족한 수색이 시너지를 발휘해 대장 지역으로서 자리매김 할 것으로 전망된다. 또한 트리플 역세권과 상권의 활발함으로 인해 더욱 지역적인 가치가 올라가는 마포·공덕, 신촌 지역이 주목된다. 이외에도 GTX노선 신설과 신분당선의 연장 운행이 이뤄지는 연신내·불광 지역의 교통 확충도 예사로이 볼 수 없는 미래 가치가 숨겨져 있다.

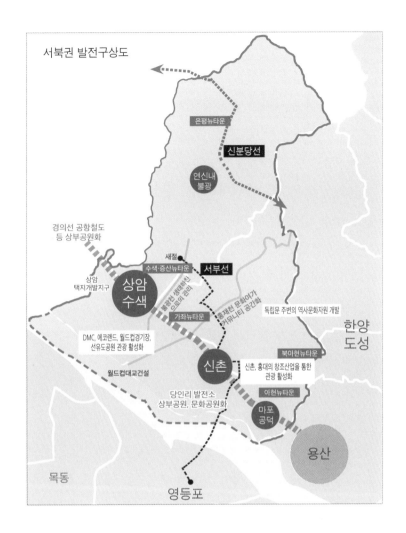

서북권 발전구상도

경의선 공항철도
등 상부공원화

상암
택지개발지구

새절

수색·증산뉴타운

서부선

상암
수색

홍제천 생태하천
으로의 관리

홍제천 문화여가
커뮤니티 공간화

독립문 주변의 역사문화자원 개발

가좌뉴타운

한양
도성

DMC, 에코랜드, 월드컵경기장,
선유도공원 관광 활성화

월드컵대교건설

신촌

북아현뉴타운

신촌, 홍대의 창조산업을 통한
관광 활성화

당인리 발전소
상부공원, 문화공원화

아현뉴타운

마포
공덕

용산

목동

영등포

은평뉴타운

신분당선

연신내
불광

서북권의 교통과 개발 호재 지역

수색·DMC 연계 활성화 개발

교통과 개발은 일자리와 직결될 수 있다. 상암·수색 지역은 대규
모 개발 가용지를 활용해 서울 대도시권 서북 지역의 광역적인 고

용기반을 구축해 나갈 수 있다. 이미 상암 DMC 활성화로 주변지역의 개발 움직임은 진행되고 있다.

'수색역 일대 광역거점 발전계획'은 수색역세권 개발의 핵심이다. 2018년 6월 수색·DMC역 주변지역 지구단위계획 결정 변경안이 수정 가결되면서 사업이 확장됐다. 수색동 일대 12만9,000㎡이던 시유지 중심의 지구단위계획 구역을 인근 주택가까지 포함한 31만 2,648㎡로 늘린 것이다.

오랫동안 은평구에 있었던 수색역 차량기지 부지(17만2,000㎡)와 철도 정비시설 부지(11만6,000㎡) 등에 대한 개발계획이 포함됐다. 광역거점 발전계획 내용은 용역을 통해 발표된다. 용역은 완료됐고, 결과 검토가 진행 중이다. 코레일도 대체부지 마련에 나섰다.

수색변전소와 송전철탑도 지하화된다. 은평구와 서울시, 한국전력이 논의해 고시했다. 수색변전소 지하화 및 봉산철탑 8개 철거에 따른 사업비는 650억 원으로 추정된다.

차량기지 등을 이전하고 남은 땅은 쇼핑몰과 상업시설, 문화시설 등을 갖춘 복합단지로 개발된다. 수색역세권 개발이 DMC역 인근에 들어서는 상업지구 상권 활성화의 성패를 가를 것이라는 평가다. 수색역세권 개발구역 가운데 DMC역 부지(35,000㎡)는 롯데쇼핑이 개발사업자로 선정됐다. 상업지구에 있는 부지를 롯데쇼핑이 매입해 복합쇼핑몰을 조성할 계획이다.

2018년에는 증산동 특별계획구역(SPO TV) 세부개발계획이 서울시 도시건축공동위원회에서 원안 가결됐다. 지하 5층~지상 15층 규모의 SPO TV 사옥이 들어선다. 인근 삼표 레미콘 부지는 서울시

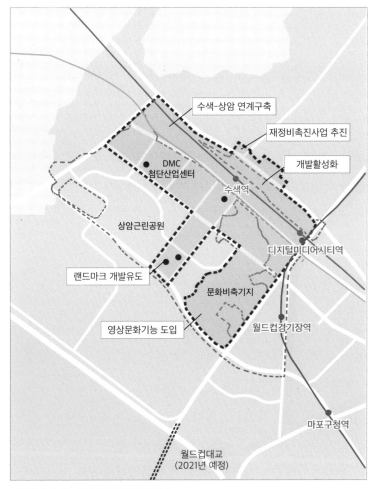

수색-상암 연계구축

재정비촉진사업 추진

개발활성화

DMC
첨단산업센터

수색역

상암근린공원

디지털미디어시티역

랜드마크 개발유도

문화비축기지

영상문화기능 도입

월드컵경기장역

마포구청역

월드컵대교
(2021년 예정)

상암과 수색, 증산 재정비촉진지구

도시건축공동위원회 심의를 거쳐 지하 7층~지상 29층 규모의 본사 건립이 시작될 예정이다.

이미 업무지구로 탈바꿈한 상암 DMC와 수색·증산 재정비촉진지구 간의 연계를 위해 철도 밑을 뚫는 지하차도가 건설된다. 지금은 상암 DMC와 수색 구간이 공항철도로 단절된 상태다. 마포구 성암로와 은평구 수색로를 잇겠다는 게 은평구의 목표다. 상암DMC와의 유일한 연결 길인 기존 수색역 '토끼굴'(지하보행로)도 확장한다.

이러한 개발 행정계획이 착착 진행을 보면서 10년 후, 20년 후 펼쳐질 수색·DMC 연계 발전의 수려한 면모가 기대된다. 최근 남북관계의 진전을 보면서 유라시아 철도의 출발역으로 기대되는 수색역 역세권 개발은 가슴을 뜨겁게 만드는 요소이다.

연신내·불광 지역의 GTX-A노선

우선 가장 주목을 받고 있는 교통호재는 바로 GTX-A노선이다. GTX-A노선은 파주운정~킨텍스~대곡~연신내~서울역~삼성~수서~성남~용인~화성동탄을 잇는 83.1km의 노선이다. 이미 2017년 삼성~동탄 구간이 재정사업으로 공사가 시작됐고, 2018년 신한은행 컨소시엄이 파주 운정~삼성을 잇는 43.6km 구간의 민간투자사업의 우선협상대상자로 선정됐다. 우선협상대상자가 선정됨에 따라 빠르면 2023년 개통을 예정하고 있다.

GTX-A노선의 경우 지하 40미터 이상 파고 들어 철도를 건설하는 대심도 사업으로 주요 거점들을 직선에 가까운 노선으로 연결한다. 특히 최고 시속 200km(영업 최고속도 시속 180km)로 달리는 초고속 철도를 도입해 수도권 내의 이동시간이 획기적으로 단축된다. 실제 삼송역에서 연신내역을 거쳐 삼성역까지 도달하는데 35

분가량 정도면 이동할 수 있을 것으로 예상된다. 현재 기존 지하철을 이용할 시 약 1시간이 조금 넘는 시간이 걸리는 것을 생각하면 절반가량의 시간을 단축할 수 있는 셈이다.

GTX-A노선이 수도권에서 전체적으로 영향을 미치는 사업이라면 신분당선 서북부 연장은 삼송지구에 보다 직접적인 호재다. 바로 삼송역이 이 서북부 연장사업의 환승역으로 계획돼 있기 때문이다. 신분당선 서북부 연장선은 용산에서 서울역, 시청, 상명대, 독바위, 은평뉴타운 등을 지나 삼송역까지 이어지는 18.46km 구간으로 2018년 6월 기획재정부 재정사업평가자문위원회에서 예비타당성 조사 대상사업으로 선정됐다. 연장선 확정시, 삼송역에서 서울역을 거쳐 강남까지 30분대 이동이 가능할 전망이다.

연신내·불광 지역은 3호선 라인인 종로와 중구의 베드타운 중심지 역할과 6호선 라인인 상암 DMC 지역의 배후 중심지로서 인기를 얻었던 지역이다. 이 지역이 GTX-A노선의 착공과 신분당선의 연장노선으로 더욱 활기를 띠는 지역으로 발돋움할 전망이다. 이미 연신내·불광 지역에는 신규 브랜드 아파트 설립의 움직임이 보이는 등 주거문화도 나아질 것이다.

홍제동 의료특화 거리

서울 서대문구의 낡은 홍제동 골목이 의료특화거리로 재탄생한다. 의료특화 목적의 도시재생이 시도되는 것은 홍제동이 처음이다. 서대문구는 홍제역 일대를 재생하기 위한 '홍제권 도시활력증진

사업 기본계획 수립'을 세웠다. 대상 구역은 홍제역 인근 20만㎡로 이곳을 의료산업특화지역으로 재생해 지역 경제를 활성화시키는 것이 목표다.

홍제역 일대는 기반 시설이 부족하고 활력이 떨어져 정비가 시급하다는 지적이 제기돼 왔다. 서대문구는 이곳을 정부가 지원하는 도시활력 증진지역 사업으로 추진할 계획이다. 도시활력증진사업이란 지자체가 노후 지역의 활성화 계획을 수립해 국토부에 제시하면 국토부가 예산을 지원해 지역 스스로 발전할 수 있도록 돕는 사업이다.

홍제역 일대가 의료특화거리로 조성된다. 도시 재생의 콘셉트를 의료특화시설로 설정하고 추진하는 지역은 서울에서 홍제동이 처음이다. 다른 지역에 비해 병원·의료원·약국 등 의료 관련 시설이 많고 노년층 인구비율도 높아 의료산업을 특화시키기 적당하다고 판단한 것이다.

의료산업특화 방향은 ◉리빙랩(Living lab, 마을실험실)을 기반으로 한 의료서비스 특화 ◉지역의료정보 통합 네트워크 구축 ◉병·의원들의 편의 취약점 지원 ◉건강 관련 시설과 연계한 건강프로그램 개발 등이다.

'개방 실험실', '마을 실험실' 등으로 불리는 리빙랩은 새로운 기술이나 서비스를 일상 속에서 주민들이 직접 체험하고 실험하면서 발전시켜 나가는 방식이다. 서대문구는 리빙랩을 기반으로 근골격계 전문, 안질환 전문, 부인병 전문 등 각 분야별로 특화된 의료서비스 구역을 홍제역 일대에 조성할 계획이다. 당연히 홍제 역세권의 낡은 생활 인프라도 개선된다.

그 결과 신규 아파트 공급이 뜸했던 홍제동 일대가 들썩이고 있으며, 1,000여 가구 규모의 신규 브랜드 아파트가 분양을 앞두고 있다. 이쪽 지역은 지하철 3호선 홍제역이 도보 3분 거리에 위치한 초역세권 아파트다. 지하철역을 중심으로 인왕시장과 유진상가 등 풍부한 생활편의시설도 갖췄다. 단지 바로 옆에 인왕초·중 등이 위치해 있어 교육환경도 좋다.

마포·공덕 지구

서울 지하철 5·6호선과 경의중앙선, 공항철도가 만나는 공덕역 일대는 '직주근접'이 새로운 주거 트렌드로 자리잡으면서 실수요자는 물론 투자수요까지 몰려 가격 오름폭이 가팔랐다. 여기에 2023년 예정대로 신안산선이 준공되면 공덕역은 무려 5개 노선의 환승역이 된다.

공덕역복합시설이 운영에 들어가면서 다소 부족했던 문화·편의시설도 보강됐다. 또 '서울로7017'을 비롯해 서울역 일대가 본격적으로 정비되면서 공덕역 주변 아파트를 찾는 발길이 만리재로를 따라 확산되고 있다.

공덕역 인근은 '마포로'를 중심으로 주상복합건물 및 오피스 빌딩이 빼곡히 들어서 있는 대표적인 오피스 상권이다. 지하철 5호선 마포역과 공덕역이 이어지는 마포로는 여의도까지 이어지면서 마포구 경제 중심으로 평가된다. 주상복합건물은 마포역과 공덕역

사이에 많고, 오피스 빌딩은 대부분 공덕역 북단에 위치한다. 특히 공덕역에 공항선이 더해져 6호선, 5호선, 공항선 환승역이 되면서 유동인구가 더욱 많아져 상권 활성화도 기대된다.

서북권의 상권 호재 지역

신촌·이대 새로운 청년문화의 중심지

신촌과 이대 상권은 대학가 상권 그 이상이었다. 10~20대 젊은이들이 많이 찾았고 대한민국 여성 패션·미용 트렌드를 선도하던 상권으로 전성기를 누렸다. 화려한 날이 언제였던가. 최근까지 이 지역은 기존 대학가 상권 명맥을 유지하기도 힘들었다. 2013년만 해도 $3.3m^2$당 평균 17만7,870원. 한때 18만 원에 육박했던 이대 상권 임대료가 2016년 1분기에는 10만 원 아래(91,410원)로 떨어졌다(한국감정원 시세 기준).

이러한 이 지역에 최근 훈풍이 불고 있다. 2호선 신촌역, 이대역 일대가 활기를 되찾고 있다. 최근 신촌동은 다양한 개발사업이 추진되며 상권이 빠르게 부흥하고 있다. 서울시가 2014년부터 '도시재생사업'을 진행하면서 신촌에 생기를 불어넣고 있다. 약 233억 원 규모의 자금이 투자돼, 신촌동 일대 43만6,000m^2에 청년문화 재생, 신촌경제 재생, 신촌하우스 재생, 공동체 재생, 공공기반시설 재생 등의 사업이 활발하게 추진되고 있다. 이 사업은 올해 마무리 예정으로, 신촌 일대 상권이 청년 문화의 중심지로 빠르게 살아나고 있다.

학생은 물론, 젊은 직장인 수요들이 신촌 지역으로 빠르게 유입될 것으로 기대된다. 하지만 신촌역 일대는 이들을 수용하기 위한 쾌적한 주거 공간이 충분하지 않다는 평이 나온다. 지어진 지 오래된 상태의 소규모 원룸이나 다세대 주택이 밀집해, 신규 오피스텔과 같은 생활 편의가 우수하고 주거 환경이 쾌적한 시설 확충이 필요한 상황이다.

'홍합라인'으로 불리며 확장 중인 홍대상권

홍대(동교동·서교동)를 중심으로 상수동-연남동-합정동-망원동 등 '범 홍대상권'이 무한 팽창하고 있다. 중심축은 지하철 2호선·공항철도의 홍대입구역부터 2·6호선 합정역까지 잇는 양화로다. 이른바 '홍합라인'이라 불리는 양화로를 타고 투자자들의 돈이 몰리고 있다.

서울 마포구에 위치한 홍대상권은 홍익대학교와 지하철 2호선 홍대입구역을 중심으로 동시에 발전해왔다. 과거 홍대상권은 클럽 문화와 인디밴드 공연의 장소로 유명한 곳이었다. 젊은이들이 많이 찾는 열정의 장소인 만큼 다양한 패션을 만날 수 있는 상권이었다.

홍대상권은 클럽·공연, 의류, 유흥을 아우르는 복합적인 특징을 가지고 있는 복합 대학가 상권으로서의 특색이 강하다고 볼 수 있다. 쇼핑과 유흥을 한 곳에서 즐길 수 있어 친구들과 쇼핑을 하고 다른 상권으로 이동하지 않아도 된다는 것은 홍대상권만이 가진 장점이다.

이러한 기존 홍대상권에 대기업 쇼핑몰이 결합하면서 시너지도 내고 있다. 애경그룹의 지역친화형 쇼핑센터 '에이케이앤(AK&) 홍대'가 문을 열면서 기존 홍대상권에 없던 새로운 브랜드가 많이 입점하는 등 상권 확대가 이뤄지고 있다. 애경그룹 홍대 신사옥 '애경타워'는 타워 1~5층에 문을 연 근린형 복합몰 1호 'AK& 홍대'뿐만 아니라 지주사 AK홀딩스, 애경산업, AK켐텍, AKIS, 마포애경타운, 제주항공까지 사용하는 공간을 갖고 있다.

이러한 상권의 발전에는 홍대입구역의 교통 체계가 한 몫 하고 있다. 기존 지하철 2호선에다 공항철도, 경의중앙선의 개통이 홍대입구 역세권의 큰 호재가 되고 있다. 외국 관광객들도 인천공항에서 오기가 쉬워 다양한 문화를 경험할 수 있는 장소로 꼽히고 있다. 이러한 상권의 발달은 부동산의 시세에 반영돼 놀라운 속도로 오름세를 나타내고 있다.

서북권의 환경 호재

당인리발전소 지중화

1930년 준공된 당인리발전소는 우리나라 최초의 화력발전소다. 1969년 '서울화력발전소'로 이름을 바꿨으며 80년이 넘도록 서울시의 전력 공급을 책임져 왔다. 2000년대 들어 발전기가 낡고 도심 미관 문제가 제기되자 정부와 서울시는 지하 발전소 추진계획을 확정해 2013년부터 공사를 시작했다. '지하 발전소' 건설은 세계 최초며, 2018년 말 완공 예정이다. 지상에는 2019년 말까지 공원과 옛 발전기를 활용한 문화공간 등이 생긴다.

화력발전소를 일류 현대미술관으로 개조한 영국 런던의 '테이트 모던(Tate Modern)'을 방불케 하는 공원화 사업의 청사진이 공개되면서 인근 지역에는 투자자들의 발길이 줄을 이었다. 젊은 사람들이 많이 모이는 홍대·합정 인근 지역에 한강을 바라보는 대형문화시설이 들어서면 유동인구가 늘고 그에 따라 부동산 가치가 뛸 것이라 기대한 것이다.

서울화력발전소 부지를 포함해 절두산 성지, 서강진, 마포진을 잇는 한강변 벨트를 역사와 문화, 예술과 자연 체험공간으로 조성한다. 이때 서울화력발전소는 '문화창작발전소'로 발돋움한다. 서울시 한강정비사업본부는 서울화력발전소 앞에 소재한 밤섬의 철새를 관찰할 수 있도록 '밤섬 철새 관찰 데크'를 설치하고, 마포진~절두산성지~상암 DMC~선유도 공원으로 이어지는 역사 탐방로를 조성한다.

연트럴파크라 불리는 경의선숲길

경의선숲길이 주목되고 있다. 이곳은 서울시 마포구 연남동에서
용산구 원효로까지 지하화된 철길(경의선)을 따라 지상에 조성된
공원이다. 2005년 경의선이 지하화함에 따라 오랫동안 나대지로
방치돼 있던 철도 부지를 서울시가 숲과 이야기, 이웃이 있는 '경의
선숲길'로 변신시킨 것이 2016년이다.

　이곳은 외국에서도 '도심 속 철길을 활용한 성공적인 도시재생
사업'으로 소개되고 있다. 철길 지하화 후 오랫동안 방치돼 있던 철
길을 주변 풍경과 추억을 느끼고 편안하게 쉴 수 있는 공간으로 조
성했기 때문이다. 특히 경의선숲길 연남동 구간은 뉴욕의 센트럴파
크 분위기도 느낄 수 있다 하여 '연트럴파크'라는 애칭도 갖게 됐다.

경의선숲길

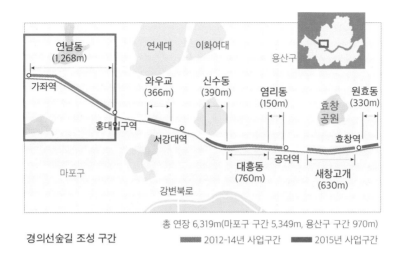

　　서울 홍대입구역 3번 출구부터 홍제천이 있는 가좌역까지 1.3km 숲길인 경의선숲길 연남동 구간은 경의선숲길 전체 구간에서 가장 붐비는 구간이다. 강북 최고의 상권인 홍대 상권을 끼고 있어 숲길 양 옆뿐 아니라 주변 골목골목마다 카페, 식당들이 즐비해 사시사철 데이트족, 젊은층들로 붐빈다. 자연의 생기와 도시의 활기를 동시에 느낄 수 있는 서울 최고의 숲길이다.

서북권의 기타 호재

응암지구

서북권의 저평가된 지역이 응암지구이다. 수색·DMC 연계가 활성화되어 더 많은 일자리가 창출되면서 그 배후 지역으로 손꼽히는 곳이 이 지역이다. 지하철 6호선 새절역은 경전철 서부선의 착공 계획으로 더블 역세권으로 큰 호재가 예상된다. 이 지역은 상대적인 저평가 속에서 시세 향상의 기대를 품은 지역으로 떠오르고 있다.

가재울뉴타운을 품은 남가좌지구

한때 '미분양 무덤'으로 통하던 서대문구 가재울뉴타운이 배후수요가 탄탄한 주거지로 부상하고 있다. 불과 몇 년 전까지만 해도 건설사들이 할인 분양을 동원해 미분양을 해소했지만 최근 아파트값은 초기 분양가를 훌쩍 넘어선 상태다.

서울 남가좌·북가좌동 일대에 위치한 가재울뉴타운은 2003년 2차 뉴타운(재정비촉진지구)으로 지정됐다. 주택 2만600여 가구를 수용하도록 계획돼 서울에서는 보기 드문 미니 신도시급 주거지였다. 하지만 희소가치가 부각되기는커녕 미분양 주거지라는 인식이 컸다. 주변 시세보다 높은 분양가와 부동산 경기 침체가 맞물려 미분양 물량이 속출했기 때문이다.

가재울뉴타운 주택 시장 분위기가 좋아진 데는 이유가 있다. 디지털미디어시티(DMC) 배후수요가 늘어난 데다 도로, 지하철 등 기반시설이 자리를 잡아가는 덕분이다. 방송사 입주가 이어지면서 DMC가 서울 주요 업무지구로 자리 잡았고, 2014년 개통된 경의중앙선도 지역 가치를 높였다. 가재울뉴타운 주변으로 6호선·경의중앙선·공항철도가 두루 지나 마포·여의도·종로 등 업무지구로의 접근성도 좋아졌다. 결국 직주근접형 주거지를 선호하는 실수요자가 늘면서 전셋값이 오르고 덩달아 거래 증가, 매매가 상승으로 이어졌다는 의미다.

아현지구

서울 강북 도심권을 중심으로 이뤄진 2차 뉴타운 중 가장 많이 주목받은 곳 중 하나가 아현뉴타운이다. 실제로 마포구 아현동과 공덕동, 염리동까지 포함된 지역을 통합 개발해 가장 많은 단지가 분양됐고, 진행중이다. 2차 뉴타운은 종로 돈의문(교남), 용산 한남, 동대문 전농·답십리, 중랑 중화, 강북 미아, 서대문 가재울, 마포 아현, 양천 신정, 강서 방화, 영등포, 동작 노량진, 강동 천호 등 12개 지구로 2003년에 지정됐다. 마포구 아현동 일원의 아현뉴타운은 108만8,000m^2 규모의 초대형 뉴타운으로, 당초부터 서울시는 사업 완료 시 18,500가구가 이 지역에 입주할 것으로 전망했다.

현재도 개발 중인 아현뉴타운은 최근 마포구가 2030세대의 주거지로 각광받으면서 주목 받고 있다. 공항철도 공덕역이 가까워 2개

공항으로의 이동이 편리하고 주변 인프라가 젊은이들의 구미에 맞아 승무원 등 공항에 근무하는 사람들이 마포와 공덕에 많이 거주한다.

도심과 여의도를 잇는 업무축 상에 위치한 데다 연세대, 이화여대, 홍익대 등의 대학 캠퍼스가 인근에 있다. 게다가 젊은이들과 외국인들이 가장 선호하는 홍대, 합정, 연남 상권과 이태원 상권과도 가까워 여의도 금융권, 도심 직장인, 대학생 등의 배후수요가 두텁다. 향후 2030년까지 젊은층의 수요가 계속 지속될 전망이다.

서북권 한 줄 요약 포인트

수색·DMC : 수색과 DMC 지역의 대규모 개발 가용지를 활용해 광역적인 고용기반 확대 모색. 중산·수색지구 고급 브랜드 아파트 투자가치 상승.

연신내·불광 지역 : 연신내역 관통하는 GTX-A노선 착공 확정. 연신내, 불광지역 부가가치 확대로 상권과 고급 주거단지 예상.

홍제동 : 의료특화 목적의 도시재생 시도. 특화된 의료서비스 구역을 홍제역 일대에 조성 예정.

마포·공덕 : 서울 지하철 5·6호선과 경의중앙선, 공항철도가 만나는 공덕역 일대는 5개 환승역 지역. 실거주와 근거리 직장까지 아파트의 젊은 수요층 증가.

신촌·이대 : 신촌 일대 상권이 청년 문화의 중심지로 다시 부상. 젊은 수요층 겨냥한 쾌적한 주거환경 수요 증가 예상.

홍대상권 : 홍대(동교동·서교동)를 중심으로 상수동-연남동-합정동-망원동 등 '범 홍대상권'이 무한 팽창. 홍대입구역 중심으로 외국인 관광객 증가 전망.

당인리발전소 : '지하 발전소' 건설은 세계 최초. 홍대·합정 인근 지역에 한강을 바라보는 대형문화시설이 들어서면 유동인구 증가로 새 상권 기대.

경의선숲길 : 마포구 연남동에서 용산구 원효로까지 지하화된 철길(경의선)을 따라 지상에 조성된 공원. 자연의 생기와 도시의 활기를 동시에 느끼는 새로운 명소.

응암지구 : 지하철 6호선 새절역은 경전철 서부선의 착공 계획으로 더블 역세권 호재.

남가좌지구 : DMC 배후수요로 도로, 지하철 등 기반시설이 자리를 잡아가는 덕분에 고급 주거단지로 변모. 서대문지역의 대형 주거단지 선두권 형성.

아현지구 : 도심과 여의도를 잇는 업무와 주거단지의 핵심 지역. 2030년까지 젊은층의 수요 증가 예상.

3장

2030년 서울 부동산의 상품별 쇼핑리스트

서울의 대표투자, 아파트 투자

『돈이 없을수록 서울의 아파트를 사라』의 김민규 저자가 있다. 대기업에서 전략기획 업무를 하고 있는 그는 6천만 원으로 신혼집을 매매하고 나서 서울 부동산 투자 시장에 뛰어 들었다.

그는 가족들과 살고 있는 은평뉴타운 98㎡ 아파트 외에 길음과 신도림에 아파트 두 채를 더 보유하고 있다. 큰 재산을 물려받았거나 월급이 많아서가 아니다. 그 역시 2014년 결혼 당시엔 수중의 자금이 6,000만 원뿐이었다.

4년 만에 다주택자 대열에 오른 김씨는 이제 '구피생이'라는 필명으로 더 유명하다. 그가 2016년 퇴근 후 집에서 개발·배포한 아파트 무료 검색엔진 '파인드아파트'(FindAPT)는 2017년 10만 명 이상이 이용했다. 파인드아파트는 단순한 동네 지도를 보여주는 것에서 벗어나, 출퇴근 동선, 예산, 지하철, 학군 등 조건을 입력해 이용자가 찾는 매물 정보를 알려준다.

그는 30대에도 자기 집을 소유할 기회는 여전히 있는데 미리부터 자포자기하는 주변 사람들을 보면 안타깝다고 말한다. 집은 돈을 모아서가 아니라 집을 팔아서 사는 것이라는 지론을 갖고 있다. 내 집을 베이스캠프 삼아 그 다음 집으로 조금씩 업그레이드해 나가야 한다는 것이다. 그런 점에서 자가 아파트를 빨리 마련하는 게 중요하다고 강조한다.

소형 아파트의 장점은 환금성

서울의 아파트를 한 채라도 소유하는 것. 서울에 거주하는 사람이라면 누구나 원하는 서울의 대표 투자 방법이라고 볼 수 있다. 먼저 서울 아파트 중 최근 들어 가장 수요층이 많아 뜨거운 소형 아파트의 경우를 살펴보자.

소형 아파트의 매력은 환금성에 있다. 부동산 불황기에는 시세가 오를 때까지 기다리는 '묵혀두기'식 투자보다 현금화할 수 있는 투자처가 중요한데, 소형 아파트는 이에 적합하다. 특히 노후대비를 위한 투자를 고려할 때 긴급한 일이 발생해도 언제든지 현금 흐름을 만드는 환금성은 소형 아파트의 장점이다.

소형 아파트가 환금성을 갖추려면 어떤 조건이 필요할까? 먼저 지역호재가 많은 곳은 수요가 넉넉해 부동산 거래가 활발하기 때문에 환금성이 좋다. 호재가 많은 지역은 배후 수요가 풍부하고 인구 유입도 증가돼 임대수요가 생긴다. 서울 수도권의 경우 대중교통과 교육환경이 좋은 지역이 수요가 풍부하다. 지방은 대규모 산업단지나 공공기관 이전 지역 등 젊은층 인구가 늘어나는 도시가 배후 수요가 풍부한 편이다. 부동산은 살 때보다 팔 때가 더 문제라는 사실을 명심하고 소형 아파트가 지닌 환금성이란 장점을 잘 살려야 한다.

소형 아파트를 잘 고르기 위해서는 먼저 매매 시세 대비 전세금을 잘 살펴보아야 한다. 시세에서 전세금의 비율이 높다는 것은 전월세 수요가 많은 지역이라 임대수익을 기대할 수 있고, 공실률의 위험도 줄일 수 있다.

또한 소형 아파트의 임차인은 주로 미혼의 직장인이나 젊은 세대가 많다. 이들은 대중교통을 이용하는 경우가 많기에 출퇴근이 편한 역세권을 선호하는 만큼 소형 아파트의 입지를 잘 고려해야 한다. 이외에도 도심의 업무시설이 밀집해 있는 지역의 경우에도 소형 아파트의 대기 수요자가 많다. 최근 미디어, 방송사의 입주가 활발한 서울 상암지구의 배후 지역의 소형 아파트도 선택 입지로 손색이 없다.

'강남 쪽방'이 인기를 얻은 비결

2005년 서울 송파구 잠실주공2단지를 재건축한 '리센츠'(5,563가구)가 분양할 당시 전용 27㎡ 초소형 아파트가 포함됐다. 이 집을 보고 소비자는 물론 주택 시장 전문가들도 비아냥거렸다. 서울 강남 3구 중 한 곳인 송파구 잠실에서 분양한 이 초소형 아파트의 당시 별명은 '강남 쪽방.' 생긴 것도 '쪽방' 느낌이 나기는 했다. 거실

1개, 방 1개, 화장실 1개로 구성된 전형적인 원룸이었다. 실제 다른 아파트는 대부분 1순위 청약이 마감됐지만, 이 쪽방은 미분양됐다. 당시 초소형 아파트 분양 가격은 1억9,230만원이었다.

이렇게 작은 아파트를 짓고 싶어서 지은 건 아니었다. 당시만 해도 서울에서 아파트를 재건축할 때는 전용 $60m^2$ 이하 주택을 20% 이상 지어야 한다는 '소형 평형 의무 비율' 제도가 있어 어쩔 수 없이 끼워 넣었던 평면이었다.

지금은 어떻게 됐을까. 한국감정원에 따르면 이 아파트 시세는 8억원(상한가 기준). 평균치를 봐도 7억6,500만원쯤 된다. 2005년 5월 분양가 기준으로 3배쯤 올랐다. 2005년 이후 서울의 웬만한 아파트 값은 대부분 올랐지만, 수익률로 따지면 이 정도 오른 아파트는 거의 없다.

리센츠 단지 내에서도 가장 많이 오른 주택형이 '강남 쪽방'이었다. $84m^2$ 평균 시세는 16억 원 정도로 분양가(6억2,190만원) 대비 1.5배 정도 올랐다. 수익률만 따지자면 초소형 아파트가 거의 2배 정도 높은 셈이다.

초소형 주택이 인기를 끄는 이유는 1~2인 가구 위주로 바뀌고 있기 때문이다. 우리나라의 1인 가구 비율은 2000년 15.5%에서 2015년 27.2%로 급증했다. 반면, 집은 한 번 지으면 40~50년 이상 쓰는 물건이어서 수요가 변한다고 해서 시장에서 공급되는 상품 형태가 쉽게 바뀌지 않는 특징이 있다. 초소형 주택 선호는 한국만의 현상도 아니다. 집값이 비싸기로 유명한 미국 맨해튼에는 킵스 베이라는 지역에 2016년 '카멜 플레이스'라는 초소형 주택이 등장했다. 30~40㎡ 55가구로 구성된 이 주택은 건축비를 낮추기 위해 컨테이너 박스를 쌓아 올리는 방식의 '모듈형' 공법으로 지었다. 소형 아파트는 세계적인 추세다.

앞으로 변곡점에 선 부동산 시장이 꺾일지, 다시 상승세로 돌아설지는 알 수 없다. 부동산 시장은 관성이 강하다. 한 번 오르면 계속 오르려는 성질이 있지만, 떨어지기 시작하면 계속 떨어지는 경향이 있다. 투자금액이 크기 때문이다. 지금과 같이 불확실한 시장 상황에서 어설픈 부동산 구입은 위험할 수도 있다. 그렇다고 무작정 집을 구입하지 말라는 얘기는 아니다. 보다 심사숙고한 뒤 '불황에 강한 부동산'을 골라야 한다는 얘기다.

서울 내 아파트는 약 160만호. 서울 인구 중 약 40%만이 아파트에 거주한다. 서울에서도 250만 가구 이상은 아직도 가장 선호하는 주거 형태인 아파트를 필요로 한다. 집값이 비싸 어쩔 수 없이 수도권으로 빠진 사람들까지 감안하면 서울은 공급 물량과 상관없이 지속적으로 수요가 있다.

이 중 현재 가장 주목할 만한 상품은 서울 내 신축 아파트다. 한국 사람들의 '새 물건' 사랑은 남다르다. 부동산도 마찬가지다. 어지간하면 웃돈을 주더라도 새 아파트를 고른다. 준공된 지 오래된 아파트보다 신축, 혹은 신축 아파트가 대거 들어서는 지역 중 랜드마크 단지를 고르는 게 낫다는 것이 전문가들의 공통된 의견이다.

중대형 아파트의 약진

소형 아파트의 전성시대이지만 중대형 아파트도 주목해야 할 요인이 있다. 2017년 11월 서울 영등포에서 분양한 힐스테이트클래시안의 청약경쟁률은 전용 $59m^2$가 10대 1인 반면 전용 $114m^2$는 38대 1을 기록했다.

이는 몇 년간 전용면적 $85m^2$ 이하 중소형 아파트가 집중적으로 분양이 되면서 중대형 아파트 공급은 줄어들고, 중소형 아파트 위주로 가격상승이 이루어지면서 $3.3m^2$(평)당 가격이 역전되어 중대형 아파트의 가격이 오히려 저평가된 결과로 보인다.

여기에 8·2 부동산 대책 영향으로 전용면적 $85m^2$ 이하 중소형 아파트 당첨 가능성이 낮아지면서 중대형 아파트로 눈을 돌리는 수요가 늘어났고 양도세 중과와 대출 규제 등 다주택자 규제가 강화되자, 주택 수에 부담을 느낀 수요자들이 '똘똘한 한 채'에 집중하는 투자 패턴을 보인 것으로 해석된다. 또 육아, 취업난 등의 이유로 부모와 함께 사는 캥거루족이 늘어난 것도 원인이 되고 있다.

2000년대 중반 참여정부 시절 강력한 규제의 후유증으로 중대형 아파트 전성시대가 되었는데, 문재인 정부 역시 강력한 규제 드라이브를 걸고 있어 중대형 아파트가 예전의 영광을 찾을 수 있을지 관심이 높아지고 있다.

중소형 아파트 가격이 너무 오르고 청약규제가 중소형에 집중되면서 상대적으로 빈틈이 생긴 중대형 아파트가 회복은 되고 있지만 아직은 소형 아파트가 여전히 강세다. 분양권 가격 역시 소형 아파트의 프리미엄이 더 높다.

중형 아파트는 학군과 밀접한 관계가 있다. 전용면적 $84m^2$인인 중형 아파트의 경우 두 자녀라면 아이들에게 각방을 주고 학교를 보내는 시기이다. 아이의 중학교 학군 배정에 유리한 단지가 인기 아파트가 될 수 있다.

정부의 규제가 계속 강화되고 있고, 서울을 제외한 전국 아파트 입주 물량이 늘어나면서 약세로 전환되고 있어, 서울 아파트 시장 흐름이 지금은 좋다 해도 단기간에 중대형 아파트 전성시대가 돌아온다고 보기에는 무리가 있다. 하지만 지역별로 대형의 수요는 꾸준하다.

강남구와 용산구의 경우에는 대형 아파트 수요가 존재한다. 물론 그 밖의 지역인 도봉구, 금천구, 은평구에도 강남에 비해서는 약하지만 대형 아파트 수요는 존재한다.

다만 대형 아파트는 소형 아파트 대비 평당 가격은 낮을지라도 절대 가격과 관리비가 여전히 무겁고, 실거주층도 소형에 비교해 두텁지 않기 때문에, 무리한 투자 목적의 중대형 아파트 구매에는 주의가 필요하다.

입지 좋은 구축 아파트 투자

강서구 화곡동에 사는 최모 씨 부부(30대)는 전세로 살던 신축 아파트에서 입주한 지 16년이 지난 구축 단지로 다음달 이사한다. 성별이 다른 두 자녀에게 각자 방을 주고 친정 부모님까지 모시려면 더 큰 아파트가 필요해서다. 지금 사는 단지의 전용 128㎡ 아파트 시세는 10억 원을 훌쩍 웃돈다. 전세보증금 4억5,000만 원에 대출금을 수 억 원 더 보태도 감당하기 어려운 가격대다. 최 씨 부부는 인근 구축 단지로 눈을 돌렸다. 2002년 입주한 화곡동 P아파트 전용 125㎡ 물건을 7억 원대에 매수했다. 최 씨가 구축 아파트를 구입한 이유는 '똑똑한 한 채 전략'이다. 이자비용을 크게 감당하면서 3~4억 더 비싼 신축을 고집할 필요가 없다고 생각했다는 것.

구축 아파트의 반격

부동산 시장에서 지은 지 10~20년 된 아파트는 투자 개념으로 보면 '애매한 물건'이다. 실거주자와 투자자 모두 선호도가 높지 않아 집값 상승을 기대하기 어렵기 때문이다. 반면 입주한 지 5년이 안 된 새 아파트와 20년을 넘긴 노후 아파트는 각각 최신식 시설과 재건축 호재로 각광받기 마련이다. 그만큼 집값 상승률도 높다.

하지만 근래들어 부동산 시장에선 이 같은 '법칙'이 흔들리고 있다. 천덕꾸러기 취급을 받았던 10~20년 아파트 매매가가 가파른 상승세를 타고 있기 때문이다. 신축 아파트 가격이 급등하며 상대적으로 가격이 저렴하다는 점이 부각돼 실수요자들의 구애를 받고 있다. 변화는 현장에서 감지되고 있다. 마포구 공덕역 인근의 한 공인중개업소는 최근 들어 신축 문의는 거의 없는 반면 15년 내외의 구축 아파트를 찾는 고객들은 많이 늘었다고 전한다. 신축 아파트의 가격대가 높아지면서 부담이 커지자 실수요자들이 준공 10~20년 구축 아파트로 눈을 돌리고 있기 때문이다.

상대적인 가격 경쟁력 장점

구축 아파트의 경우 주공이나 시영이라는 이름을 달기도 한다. 주공아파트는 국민들의 주거 안정을 위해 LH가 지은 아파트로, 민간 아파트에 비해 분양가가 저렴해 주로 서민층이 거주해 왔다. 하지만 서울에서 '주공아파트=서민아파트'라는 공식은 깨진 지 오래다.

80~90년대 초반 입주한 대부분의 주공아파트들이 재건축 연한을 채우면서 개발 기대감으로 가치가 상승한 까닭이다.

실제로 재건축을 마친 주공아파트들은 지역의 랜드마크이자 고가 아파트로 속속 등극하고 있다. 반포주공2,3단지를 재건축한 반포래미안퍼스티지(총 2,444가구)와 반포자이(총 3,410가구)의 경우, 전용 84m^2가 20억원을 훌쩍 넘기며 반포동의 대장주로 등극했고, 잠실주공2단지를 재건축한 잠실리센츠도 잠실동 최고가 아파트로 자리매김했다.

서울시 주공아파트 총 60곳 중 23곳이 밀집해 있는 노원구에서도 주공아파트의 가치가 높아지고 있다. 상계주공아파트 첫 분양 단지인 노원꿈에그린(상계주공8단지 재건축)은 98대 1의 청약경쟁률로 1순위에서 마감됐다.

1963~1989년 서울에서 대대적인 도시정비사업이 진행될 당시 저소득층의 주거 안정을 위해 SH가 공급한 시영아파트도 가치를 재조명 받고 있다. 서울 시영아파트들은 1,000가구가 넘기 때문에 재건축 후 매머드 단지로 재탄생하게 된다. 대표적인 것으로 2018년 말 입주한 가락시영 재건축 아파트인 송파 헬리오시티(총 9,510가구)가 있다.

강북에서는 월계시영(미륭·미성·삼호3차, 총 3,930가구)과 성산시영(선경·대우·유원, 총 3,710가구)이 대장주이다. 안전진단 기준 강화로 재건축 사업은 지지부진하지만, 워낙 입지가 좋다 보니 가격이 상승세다. 특히 월계시영은 인접한 광운대역 역세권개발사업 호재로 2~3개월 새 1억 원 넘게 가격이 급등했다.

재건축 연한을 채운 공공 분양아파트의 가격이 급등하는 주된 원인은 '재건축으로 인한 투자 실익이 민영아파트에 비해 크기 때문'이다. 공공분양아파트는 지분이 커 사업성이 우수한 데다 입지가 좋아 추후 가격상승력이 높다. 대규모 사업이다 보니 유수의 건설사들도 서울의 주공·시영 재건축 수주에 열을 올리곤 한다.

구축 아파트의 장점은 입지

신축 아파트의 경우에는 역세권 등 도심에 집중되기보다는 외곽쪽에 자리잡는 경우가 많다. 반면 구축 아파트는 역세권 등 입지가 좋은 경우가 많다. 단순 비교할 수 없지만 이 둘의 싸움은 보통 입지가 좋은 구축 아파트의 승리로 끝난다.

서울 도심과 외곽 신도시의 관점에서도 살펴보자. 신도시가 건설되면 그 발달과 더불어 인기가 높아지면서 신도시 아파트는 서울 구도심의 아파트보다 각광을 받게 된다. 하지만 세월은 어쩔 수 없는 법. 신도시 아파트 역시 연한이 길어지면서 구축 아파트로 변한다. 원래 도심에 가까웠던 구축 아파트는 도시재생을 통해 입지의 장점이 극대화된다. 2030년 서울시 생활권 계획을 통해 구도심의 새로운 인프라 구축과 도시재생은 그 장점을 잘 드러내준다.

최근 서울에서는 상대적인 저평가를 받았던 구도심 지역의 구축 아파트가 인기를 얻고 있다. 강남 4구라는 문구에 못지않게 마용성(마포구, 용산구, 성동구)이란 문구가 보편화되기가 무섭게 도노강(도봉구, 노원구, 강북구)이란 말이 회자된다. 이 지역 아파트 시세가 매우 가파르게 오르기 때문에 생겨난 말이다. 과거 저평가된 지역이 서울시의 생활권 계획으로 지역의 인프라가 구축되고, 일자리가 늘어나고, 교통이 편리하게 변화하면서 좋은 입지로 거듭나기 때문에 나타나는 현상이다.

앞으로 10년을 내다보는 장기투자를 한다면, 부동산 투자는 경쟁력을 갖춘 입지를 선택해야 실수를 줄일 수 있다. 입지가 좋으면 상품성은 나중에 보완하면 되기 때문이다. 그렇다면 입지가 좋은 구축 아파트는 어떻게 찾아야 할까?

먼저 서울시 도시철도계획에 따른 대중교통시설을 눈여겨봐야 한다. 각종 경전철, GTX A,B,C 노선, 신안산선, 신분당선에 이르기까지 수도권 도시철도망은 더 촘촘하게 우리의 생활 권역으로 들어오고 있다. 그 역세권을 노려봐야 한다.

출퇴근의 편리함은 주택 가격 형성에 적은 않은 영향을 준다. 가장만을 보면 자가용을 이영하는 집이 월등히 많은 것이 현실이다. 하지만 자녀들의 학교·학원통학, 주부의 쇼핑 등을 생각해 보자. 대중교통이 잘 갖추어져 있지 않다면 얼마나 불편하겠는가?

때문에 대중교통이 편리한 곳의 아파트 가격이 높게 형성되는 것이 일반적이다. 따라서 향후 2030 서울시 생활권에서 제시하는 향후 역세권이 될 예정지역을 미리 선점하자. 환승역이 될 지역이라면 더욱 좋다.

또한 교육시설이 잘 되어 있는 곳을 찾아보자. 집값이 오르는 곳은 양호한 교육환경을 자랑한다. 비록 지금 당장은 특별한 것이 없다고 해도 일단 교육시설이 들어오면 교통시설, 쇼핑·문화시설 등은 당연히 뒤따라 들어서게 되어 있다. 따라서 교육시설은 구축 아파트 선택기준에 부합한다.

다음으로는 경제논리에 충실해야 한다. 수요는 있는데 신규분양 물량이 적은 지역과 수요는 적은데 신규 공급 물량이 많은 지역이 있다고 하자. 어떤 지역의 아파트를 매입하는 것이 경제적인 혜택을 누릴 수 있겠는가. 최근 수 년 간의 공급 물량, 향후에 공급 가능한 예정 물량을 꼼꼼하게 챙겨보자.

다세대·빌라·연립 투자

빌라라고 불리는 연립, 다세대주택은 아파트와 단독, 다가구주택과 함께 대표적인 주거용 상품이다. 보통 건물의 층수 제한으로 아파트와 그 외의 건물을 구분할 수 있다. 5층 이상이면 아파트고, 4층 이하는 연립주택이다. 조금 더 세분화하면, 전체 면적이 $660m^2$ (200평) 이상이고 4층 이하인 건물을 연립주택이라 한다. 이 연립주택을 흔히 빌라라고 일컫는다.

또한 다세대 주택은 $660m^2$ 이하에 4층 이하, 다가구는 $660m^2$ 이하이지만 개별 등기는 안 된다. 이외에도 다중주택은 $330m^2$(100평) 3층 이하로 단독주택형 건물이다.

다세대 빌라 투자의 기준

아파트보다 저렴한 가격으로 접근할 수 있는 빌라. 만일 시세 차익이 아닌 임대수익을 목적으로 한 투자가 목표라면 다세대·빌라투자도 해 볼 수 있다. 다만 주의할 점은, 아파트가 환금성이 좋다면 빌라 투자는 막상 팔 때 쉽게 매수자를 구하기가 힘들다. 빌라 투자에 요령이 필요하다.

투자의 목적으로 빌라를 매입하기 원한다면 제일 먼저 빌라의 건축 시기를 봐야 한다. 관리사무실, 경비실, 청소부 등의 관리를 받는 아파트와 달리 그런 게 없는 일반 빌라는 건물 노후화 속도가 빨라 감가상각도 빠르게 진행되기 때문이다. 조건이 괜찮게 나온 빌라라도 지어진 지 5년이 넘은 빌라라면 투자하지 않는 것이 더 좋다.

대부분의 부동산이 그렇듯 빌라도 입지가 중요하다. 아무리 시설이 뛰어난 빌라여도 입지가 좋지 않다면 투자 가치는 떨어진다. 때문에 도심과 먼 곳의 빌라는 가급적 매입하지 않는 것이 좋다. 도심에 가깝다는 것은 도심의 인프라를 쉽게 이용할 수 있고 수요층이 두터워 재매각이 비교적 수월하다는 의미다. 대중교통 이용 접근성(지하철, 버스정류장)이 좋거나 인근에 초등학교를 비롯한 학군 등이 있다면 조금 더 안전한 투자처가 될 수 있다.

빌라의 입지와 시설이 좋아도 인기가 없는 면적의 빌라라면 투자 위험이 있다. 보통 빌라의 수요자는 젊은 신혼부부거나 가족 구성원이 적은 가구이기 때문에 너무 좁거나 넓은 면적의 빌라는 인기가 없기 마련이다. 인기가 없다는 얘기는 투자를 했을 시 위험이 찾아올 가능성이 크다는 의미라고 볼 수 있다. 따라서 수요가 제일 많은 전용 면적 $40m^2$~$60m^2$ 등 소형 빌라에 투자하는 것이 유리하다.

엘리베이터의 유무는 빌라의 가격에 지대한 영향을 미친다. 같은 조건의 빌라라도 엘리베이터의 유무에 따라 빌라 가격은 달라진다. 가격 차이뿐 아니라 매입을 원하는 수요자의 수도 달라진다. 빌라의 수요자는 대부분 젊은층이기 때문에 그들의 성향을 맞추지 않으면 매각이 어렵다. 젊은층은 엘리베이터를 선호하고, 더욱이 나이든 사람이라면 엘리베이터는 필수이다. 나중에 매도할 때도 장점이 된다.

대표적인 서민주택이라 임대에 용이

전세의 관점에서 볼 때 빌라는 임대수요가 증가하는 분위기이다. 빌라형은 대표적인 서민주택이라고 볼 수 있다. 먼저 관리비가 없기 때문에 저소득층 세입자에게 적합한 주거 형태라고 할 수 있다. 임대를 원하는 수요가 많다 보니 공급을 하는 빌라 주인에게는 임대 기회가 더 넓어진다. 실제로 전국 월세 가구의 대부분은 저소득층이며 이들은 주로 단독주택과 연립주택에 사는 것으로 조사됐다.

빌라는 지역이라는 숲과 매물이라는 나무를 종합적으로 고려한 입지 선택에 성패가 달려 있다. 최근 뉴타운과 재개발 지역 투자가 어려운 환경이다. 일부 지역의 뉴타운 지정이 해제되기도 하는 등 재개발이 한풀 꺾인 분위기이다. 그렇지만 열심히 발품을 팔다 보면 흙 속에 감춰진 진주를 캐듯 지역 호재가 숨어 있는 빌라 매물을 찾을 수 있다.

빌라를 매입할 지역을 정한 다음에도 같은 지역 내 어떤 위치에 있는 빌라를 살 것인가를 생각해 봐야 한다. 아파트 밀집 지역보다는 일반 주택이 많은 동네의 빌라를 고르는 편이 좋다. 빌라는 낡은 건물을 샀을 때 구입 가격은 저렴하겠지만 수도, 하수도, 가스관 등이 노후되어 고치는 비용이 크게 들 수 있다. 또 세입자의 수리 요청 전화가 빈번하면 여간 스트레스가 쌓이는 것이 아니다. 따라서 빌라의 층수, 준공 연한, 주차공간 확보 등 오랜 기간 꼼꼼히 따져 보고 선택해야 한다.

얼마 전 부동산 투자를 다루는 TV 시사 프로그램에서 경매 투자에 성공한 여자 분이 나온 것을 보았다. 전국을 돌며 경매를 통해 10여 개의 수익형 물건을 갖고 있는 그녀는 매달 임대수익을 톡톡히 벌고 있었다. 주목할 것은 그녀가 자신의 수익형 부동산을 대하는 태도였다. 자신의 빌라 내부에 있는 일반 백열등과 형광등도 세련된 전기 제품으로 교체하고, 찌든 때가 끼고 깨진 욕실 바닥도 수리하는 등 임대 물건을 깨끗하게 관리하는 것이었다. 본인이 직접 청소하고 웬만한 고장과 수리는 직접 하는 알뜰함을 보여 주었다. 이렇게 공을 들여야 임대가 나가고 상대적으로 월세도 올려받을 수 있다는 것이 그녀의 지론이었다.

보통 햇볕이 잘 들고 통풍이 잘되는 빌라가 인기가 높다. 햇볕이 잘 드는 빌라는 그 자체만으로도 가치가 높은 셈이다. 또한 내부 시설의 경우 쾌적하고 편리함을 유지한다면 당연히 임차인의 선호도는 높아진다. 이렇게 관리를 잘하면 임대료 10~20만 원은 더 높게 받을 수 있다.

경매와 공매로 가격 경쟁력을 높여라

2017년 경매 시장에 나온 수도권 다세대 주택은 모두 2,200여 건이 넘는다. 물량도 증가하지만 입찰자 역시 폭발적으로 늘고 있다. 소형 아파트가 환금성도 좋아서 인기지만 빌라 같은 다세대 주택을 찾는 사람도 늘었다. 경매를 통해서 최저 입찰가 7,000~8,000만 원대의 소액 투자용 빌라를 낙찰받는다면 충분히 투자가치가 있는 선택이다.

다만 소액투자의 경우 입지 여건이 우수한 곳만 고집하지 말고 다소 여건이 떨어져도 임대수요가 넉넉한 곳이라면 안정적인 월세 수익을 목표로 접근해 볼 수 있다. 또한 재건축이 예상되는 노후 물건도 투자 가치 면에서 고려해 볼 만하다.

경매를 통해 빌라를 구입할 경우 세입자의 명도는 세심하게 체크해야 한다. 세입자와의 마찰로 명도소송까지 간다면 금전적 손해도 예상되고, 정신적인 고통이 따르기에 신중한 확인이 필수라 하겠다. 또 법원에서 매긴 감정가 역시 현재 시세와 비교, 현장조사를 통해 검증해야 경매를 통해 낙찰받은 후에 후회하지 않는다.

5년 안 된 역세권 신축빌라의 장점

실거주를 위한 빌라 매입이 목적이라면 역세권이면서 지어진 지 5년이 안 된 신축 빌라를 선택하는 것이 좋다. 단 주변에 경쟁 빌라가 추가로 들어설지, 빌라 주변에 빌라뿐 아니라 아파트가 대거 공급될지 등을 따져봐야 한다. 아파트나 경쟁 신축 빌라로 수요가 빠져나가면 내 주택은 그만큼 제때 매도하기 어려워지기 때문이다. 출퇴근이 편리한지, 교육환경이 양호한지, 주변에 상업시설이 갖춰졌는지 여부도 중요하다.

강동구를 예로 들면 둔촌동, 고덕동, 상일동에는 아파트가 많다. 청약을 마친 단지를 포함해 새로 들어설 아파트도 수두룩하다. 반면 강동구에서도 천호동, 암사동은 상대적으로 아파트가 적다. 송파구 역시 잠실동에는 아파트가 많지만 삼전동 등 그 외 지역에는 아파트가 생각보다 많지 않다. 강남구도 대치동, 도곡동, 개포동 등 기존 아파트 밀집지를 제외하면 빌라 밀집 지역이 의외로 많다.

빌라를 임대 목적으로 매수하는 경우도 입지 평가 방법은 같다. 임대가 잘 나갈 수 있는 역세권 입지 신축 빌라가 가장 좋지만, 신축일수록 분양가가 높고 임대수익률이 떨어지는 점은 단점이다. 이럴 때는 10년 차 안팎의, '새집 프리미엄'이 적당히 빠진 구옥을 선택하는 것도 방법이다. 단 노후화된 건물은 추후 하자보수 비용이 많이 들고 임차인을 구하기 어려워 수익률이 하락할 수 있다는 점도 염두에 둬야 한다.

앞으로는 주거환경에 대한 관심이 높아지면서 공원과 가까이 위치한 곳이나 한강변이 빌라 투자 유망 지역으로 분류될 가능성이 높다. 성동구나 마포구, 동작구 등이 그런 면에서 매력적이다. 대규모 재건축 이주를 앞둔 강남 3구 역시 향후 재건축 이주 수요가 몰릴 때 빌라가 인기를 끌면서 시세차익을 볼 가능성이 있다.

재개발 투자 목적으로 활용

재개발 투자를 목적으로 빌라를 매수한다면 얘기가 조금 다르다. 재개발 투자는 구역 내 빌라나 단독주택을 구입한 뒤 조합원 지위를 획득해 분담금을 내고 새 아파트를 받는 과정에서 수익을 얻는 활동이다. 철저하게 '대지지분', 즉 땅에 투자하는 것이다. 매입 가격이 같다면 신축 여부보다는 대지지분이 큰 빌라인지를 먼저 확인하는 것이 좋다. 단 사업 초기 단계에 대지지분이 큰 물건에 투자하면 목돈이 오랜 기간 묶일 수 있다. 게다가 자칫 사업이 무산된다면 큰 손해다.

실거주와 재개발 투자를 동시에 노린다면 다소 비싸더라도 사업시행인가를 받고 감정평가까지 마무리한 구역에 투자하는 것이 낫다. 사업시행인가를 획득한 구역은 어지간하면 사업이 그대로 진행될 가능성이 높다. 감정평가도 마무리되면 추가분담금이 어느 정도일지 윤곽이 나온다.

다만 지난 1~2년 새 서울 재개발 물건 지분 가격이 많이 오른 것은 감안해야 한다. 이제 서울 재개발 구역 중 프리미엄이 1억원 미만인 곳은 없다. 그나마 은평구 수색동, 관악구 봉천동, 동대문구

이문동 등이 상대적으로 저렴한 구역이다. 2억~3억원대 프리미엄을 주면 구입이 가능하다.

월세 수익을 노리는 오피스텔 투자

2% 안팎에 불과한 저금리 기조 속에서 오피스텔의 경우 여전히 임대 수익률이 4~6%대를 기록하다 보니 수익형 부동산에 대한 관심이 쉽게 식지 않고 있다. 오피스텔의 경우 2018년 정부의 9.13 정책으로 규제가 강화된 주택에 비해 대출, 세금 등 부담에서 상대적으로 부담이 적어 소액투자자들의 관심이 높다. 실제로 2017년 '8.2부동산대책' 발표 이후에도 오피스텔 거래 물량은 증가세를 보였다.

오피스텔의 '옥석가리기'가 필요

한국감정원 자료에 따르면 2018년 1월부터 9월까지 오피스텔은 14만1,516건이 거래돼 작년 동기(13만244건) 대비 1만1,272건이 늘어났다. 반면 주거용 부동산의 거래량은 작년보다 다소 줄어드는 등 차이를 보인다.

물론 저금리에 따른 투자수요는 꾸준하겠지만 이럴 때일수록 '옥석가리기'가 필요하다. 수익형 부동산은 공실 없이 꾸준하게 수익이 나야 하기 때문에 주변에 충분한 수요가 있는지, 앞으로 신규 수요가 들어올 수 있는지 등 입지와 앞으로의 변화 등도 살펴야 한다. 수요가 검증된 곳이라면 상대적으로 안정적인 곳으로 볼 수 있다. 다만 앞으로 금리인상 가능성이 있어 수익률에 변화가 생길 수 있는 만큼 고금리 시대에도 투자의 강한 메리트가 유지될지를 잘 검토해야 한다.

수익형 부동산 투자를 막 시작하는 부동산 초보자에게 오피스텔은 적합하다. 오피스텔은 초기 투자 규모가 그리 크지 않은 편이라 부담이 적다. 또한 오피스텔 세입자는 전문직 종사자나 고수익자가 많아서 월세를 밀리는 경우가 타 수익형 부동산보다 드물다. 가격과 관리 면에서 오피스텔은 수익형 부동산으로 적합하다고 볼 수 있다.

오피스텔은 시장 여건과 정부의 부동산 정책에 따라 수급과 가격이 민감하게 변화해 왔다. 1980년대 후반에 신종 부동산 투자 상품으로 인기가 높았지만 1990년대에는 신도시의 주택 공급 확대와 부동산 시장 불황으로 침체기도 겪었다. 하지만 2010년 이후에는 규제가 완화되면서 공급도 늘어 활성화되고 있다.

오피스텔은 오랜 기간, 그리고 현재에도 여전히 한국인에게 인기 높은 수익형 부동산 투자 부분이다. 이와 같은 오피스텔에 대해서 좀 더 알아보도록 하자.

가격이 싼 오피스텔을 구하라

오피스텔은 값이 잘 오르지 않는 경향을 보인다. 따라서 오피스텔로 부동산 은퇴설계를 대비하려는 사람은 물건 매입을 싸게 해야 한다. 오피스텔은 미분양 땡 처리나 법원 경매, 교환 시장을 이용하면 시세보다 훨씬 낮은 가격으로 매입할 수 있다.

법원 경매로 오피스텔을 사면 시세보다 좀 싸게 살 수 있다. 오피스텔은 아파트나 주택에 비해 비교적 인기가 낮아 입찰 참가자들의 경쟁률이 낮다. 조급하게 서두르지 않는다면 주변 시세보다 30~50%까지 싸게 매입할 수 있다. 오피스텔 경매의 경우 권리관계가 그리 복잡한 편은 아니다.

컴퓨터 프로그래머인 B씨(46)는 2018년 수원지법 성남지원 경매법정에서 성남시 분당구 서현동 소재 P 오피스텔 62m^2(19평)를 시세보다 20% 싼 1억 2,100만 원에 낙찰받았다. B씨는 감정가가 1억 6천만 원인 이 오피스텔을 한 번 유찰로 최저 경매가가 1억 2천만 원까지 떨어진 상태에서 2명과의 입찰 경쟁을 뚫고 감정가의 80%인 1억 2,100만 원에 낙찰받았다. 겨우 100만 원 더 써내 경쟁자를 물리쳤다. 세입자는 임차보증금 전액을 배당받자 이사비도 요구하지 않고 오피스텔을 비워줬다. 시세보다 4천만 원이나 싸게 오피스텔을 구입한 B씨는 자신의 사무실로 활용하기로 했다. 세를 놓아도 보증금 2천만 원에 월세 80만 원의 시세가 형성돼 있다.

미분양 땡 처리 오피스텔 매물도 눈여겨봐야 한다. 보통 시행사가 급히 자금을 회전하기 위해서 싸게 내놓는 경우가 있다. 이런 매물은 서울 지역에서는 분양가보다 10~20%, 수도권에서는 20~40%가량 싸다. 다만 땡 처리와 교환 매물의 경우 알짜 오피스텔이 많지 않은 것은 단점이다. 그래서 본인의 안목이 중요하다.

임대 수요가 많지 않은 외곽 지역도 나 홀로 오피스텔 매물이 적지 않다. 값이 싸다고 이런 매물을 섣불리 매수하면 수익은커녕 애물단지가 될 수도 있다. 조금 비싸더라도 역세권이나 대학가 주변이 유리할 것이다.

세금을 알고 오피스텔을 매입하자

오피스텔을 분양받거나 매입할 경우 세금을 잘 파악해야 한다. 오피스텔은 업무용과 주거용으로 임대할 수 있는데, 주거용 오피스텔의 경우 1가구 2주택에 해당된다. 이런 조건이라면 취득세부터 종합부동산세까지 다양한 세금이 부과된다. 이때 세금을 막는 방법은 오피스텔을 업무용으로 등록하는 것이다. 상업지구에 있는 오피스텔은 업무용으로 임대하면 1가구 2주택에 해당되지 않는다. 주거용 오피스텔의 경우에는 주택임대사업자로 등록하면 세금을 내지 않거나 내더라도 할인을 받을 수 있다.

기본적으로 오피스텔은 건축법상 업무시설에 해당된다. 그런데 최근 주거용으로도 사용할 수 있도록 설계되면서 양도세 규정이 제법 복잡해졌다. 오피스텔을 분양받으면 상가처럼 부가세를 부담해야 한다. 그런데 분양받은 사람이 일반 과세자로 등록하고 부가세 환급 신고를 하면 납부한 부가세를 돌려받을 수 있다. 반면 임대사업자등록을 하지 않거나 간이과세자로 사업자등록을 할 경우 환급받지 못한다.

오피스텔을 사무실용으로 임대하면 세금계산서를 발부하고 6개월 단위로 부가세를, 1년 단위로 종합소득세를 신고해야 한다. 그런데 임대 오피스텔이 거주용으로 사용되면 부가세가 면세된다.

주택임대사업자로 등록하면 주거용 오피스텔은 큰 수혜를 볼 수 있다. 소득세, 법인세 혜택을 주기로 했기 때문인데, 이는 자금 조달 면에서 큰 장점이다.

오피스텔의 공실률 제로에 도전하는 법

타 부동산 상품도 그렇지만 오피스텔 역시 입지가 매우 중요하다. 도심 및 역세권과 업무지구 주변, 대학가 등 배후 수요가 탄탄한 곳은 안정적인 월세 수입과 함께 공실의 위험이 없다.

이를 위해 반드시 현장에 나가 월세 수준을 확인하고 투자 수익률을 분석해 보는 것이 좋다. 수익률을 따질 때에도 초기 매입자금뿐만 아니라 관리비용, 세금부담, 감가상각 등 추가적으로 소요될 제반 비용도 꼼꼼하게 짚어봐야 한다. 주변 오피스텔과 비교해 관리비가 비싸지 않은 곳이 향후 임대관리 시에도 유리하다.

오피스텔은 일반적으로 전용률이 50%가 약간 넘는 수준인데, 최근 공급되는 몇몇 오피스텔의 경우 전용률이 40% 안팎인 경우도 있다. 전용률이 55% 이상이면 괜찮다고 볼 수 있다.

무엇보다도 최근 오피스텔이 대량 공급된 지역은 피해야 한다.

일시적인 공급 증가로 인해 임차인 확보가 힘들어질 수 있고, 임대료 또한 단기간 떨어질 가능성이 크기 때문이다.

전국의 오피스텔 공급은 2013년부터 크게 늘어 2016년까지 4년 동안 총 11만 8천여 실이 공급되는데, 이중 수도권에서 74,600여 실이 공급돼 비중이 높다. 공급이 많으면 월세에 영향을 미친다는 점을 꼭 기억해야 한다. 이에 공실을 피할 수 있는 방법을 제시해 본다.

먼저 산업단지나 업무지구 인근 오피스텔을 고르는 것이다. 이러한 지역은 직주근접의 장점과 함께 각종 편의시설과 교통망 등이 잘 갖춰져 있어 주거선호도가 높다. 기본적으로 직장인들의 수요가 풍부해 탄탄한 임대 기반을 갖추고 있어 타 지역보다 비싼 월세에도 임대인을 쉽게 구할 수 있다.

둘째, 국제신도시에 들어서는 오피스텔도 주목할 만하다. 일반적으로 신도시는 교통, 교육, 상업시설 등이 두루 갖춰지는 장점이 있다. 국제신도시의 경우 일반 신도시와 비교해 개발호재가 풍부하고 자족기능까지 잘 갖춰지는 이점이 더해진다. 특히 국제신도시가 오피스텔 투자 유망 지역으로 꼽히는 이유는 외국계 기업이 많이 들어서는 특성상 외국인 임대수요를 얻을 수 있기 때문이다. 외국인 임대는 보증금 필요 없이 1~2년 치 월세를 미리 선납하는 개념인 '깔세' 방식이어서 안정적인 임대 수익률을 기대할 수 있다. 더욱이 외국인들은 국내 세입자들이 꺼려하는 중대형 주택형을 선호해 임대인들이 '꼭 잡아야 할 세입자'로 떠오르고 있다.

셋째, 전통적으로 공실률이 적은 지역으로 대학가와 행정타운이 꼽힌다. 최근에는 법조타운이 추가되고 있다. 통상 법조타운은 법원, 검찰청 등 외에도 주변으로 변호사, 법무사 사무실 같은 관련 업체가 입주한다. 때문에 변호사, 법무사 등 고소득 전문직 종사자들의 배후지인 데다 법원을 이용하는 유동인구 또한 많은 곳이기에 수요가 몰리곤 한다. 대표적인 곳이 서울 송파구 문정 법조타운이다.

네 번째는 '역세권 오피스텔'이다. 오피스텔 투자에서 불변의 '스테디셀러' 투자처로 손꼽힌다. 지하철역 주변은 버스 등 연계 대중교통이 잘 갖춰져 있어 지하철, 버스 등 대중교통을 이용한 출퇴근이 편리한 데다 역 주변에 쇼핑·문화·편의·교육시설이 밀집돼 있어 임차인들의 주거 만족도가 높다. 이런 조건들 때문에 임차인을 구하기 쉽고, 공실률이 낮은 효과도 있다. 불황기에도 가격하락의 위험이 적어 향후 임대수익률을 높이는 데 유리하다.

다섯째, 쇼핑·업무·주거 시설들이 모두 한 공간에 마련되는 주거복합단지 내 오피스텔은 주거 편의가 높아 실수요부터 투자수요까지 몰리는 알짜 상품으로 각광받고 있다. 주거복합단지 내 오피스텔은 아파트와 함께 조성되다 보니 같은 주거여건을 공유할 수 있어 풍부한 생활 인프라를 누릴 수 있다는 점에서 인기가 높다. 기존 오피스텔과 달리 풍부한 녹지공간은 물론, 부족한 주차공간 문제도 해결된다는 점이 장점이다. 여기에 동간 거리도 넓어 조망권은 물론 사생활 보호도 가능하다. 별동으로 구성하거나 거주민의 진출입로를 분리해 각각의 동선이 얽히지 않고 독립성도 확보된다는 점 역시 인기 요인이다. 당연히 나홀로 오피스텔보다 찾는 수요가 많고 주거만족도가 높아 공실률이 적다.

오피스텔 투자법

■ **입지, 면적이 분양가에 대비해 적정한 것을 찾아라**
위치는 1차 역세권에서 도보 5분 거리, 독립 세대의 경우 전용 6~8평을 가장 선호한다.

■ **시장의 임대수요가 인위적이지 않은 것을 찾아라**
대학교, 대기업, 중소기업 등이 골고루 산재되어 있는 곳은 자연발생적인 곳이다.

■ **만족할 만한 수익률과 매매 시 차익 실현이 가능한 매물을 찾아라**
가격이 저렴할수록 수익률이 높아지고, 매매차익이 가능하다.

■ **회전율이 짧은 곳을 골라라**
세입자가 나가고 재임대기간의 소요시간이 적은 곳을 공략해야 한다.

4장
2030년 서울 플랜을 도울 외곽 호재

수도권 도시철도,
서울의 남북과 동서를 관통

서울을 중심으로 외곽에 건설되는 도시철도는 건설된다고 무조건 호재가 되는 것은 아니다. 호재의 영향력이 어느 정도인지 따져봐야 한다. 도시철도망이 확장되면 실제 어떤 사람들이 이용할지, 얼마나 많은 사람들이 이용할지 대략적으로라도 추정해봐야 한다.

호재가 추진되는 것을 확인하고 들어가도 장기적으로 보면 늦은 타이밍이 아니다. 최초의 강남권 노선인 2호선은 1980년대에 개통됐지만, 부동산 가치가 본격적으로 상승한 시기는 1990년대였다. 또 다른 강남권 노선인 3호선 역시 1990년대에 개통했지만 본격적인 시세 상승 시기는 2000년대였고, 핵심 강남권 라인인 9호선 역시 2009년에 개통을 했지만 이제야 프리미엄이 가장 높다고 할 수 있다.

입지가 좋고 상품이 좋은 곳은 개통된 후 많은 사람들이 이용하는 것을 확인한 10년 후에 투자해도 절대 늦지 않다. 호재 투자는 최대한 보수적으로 해야 한다. 현재 상승하는 가격만 보지 말고 10년 후의 미래가치를 판단해 보자. 여기서는 서울 외곽 도시철도 중 가장 핫한 서울 9호선, 신분당선, 신안산선을 조명해 본다.

서울 지하철 9호선 연장

강남을 관통하는 서울 지하철 9호선은 이른바 '황금노선'이다. 이 노선은 연장을 계획하며 계속 진화중이다. 개화역에서 종합운동장역 31.7km 구간으로 구성되어 있으며, 1단계 강서 구간(개화역~신논현역)은 2009년 7월 24일에, 2단계 강남 구간(신논현역~종합운동장역)은 2015년 3월에 개통되었다. 3단계 강동 구간은 2010년 8월

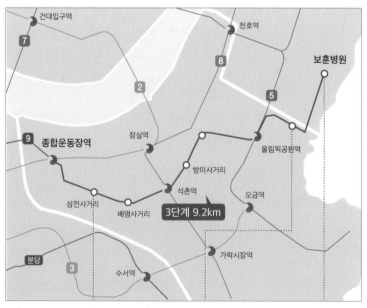

종합운동장~보훈병원 9호선 3단계 연장 구간

종합운동장~올림픽공원역 5.94km 구간 및 올림픽공원역~보훈병원역 3.2km 구간의 공사가 착공되어 2018년 12월 9호선 전 구간이 최종적으로 개통됐다.

3단계 구간이 완성되면서 송파구 잠실·방이동과 강동구 둔촌동 일대 주요 단지와 상가 건물은 시세가 우상향하고 있다. 매매거래가 활발해지면서 몸값이 치솟고 있다. 강남과 여의도 등 주요 업무 지역으로의 접근성이 좋아지면서 수요층이 더 많아질 것으로 전망된다.

앞으로는 강동구 고덕동에서 강남권을 연결하는 서울 지하철 9호선 4단계 사업 추진이 본격화될 전망이다. 서울시는 '지하철 9호선 4단계 도시철도 기본계획 수립용역'을 발주하며 4단계 노선을 계획하고 있기 때문이다.

이 노선은 고덕·강일 보금자리주택 지역의 대중교통난 해소를 위해 추진된 사업이다. 9호선 3단계 보훈병원역에서 고덕강일 1지구까지 3.8km 구간에 4개 역을 만든다. 보훈병원에서 길동생태공원, 한영고, 고덕역, 고덕강일 1지구로 이어진다. 9호선 4단계 노선이 개통되면 강동구에서 강남권 진입에 드는 시간이 30분 이내로 단축된다.

수도권 전철 신분당선

신분당선은 서울 강남역에서 경기도 수원 광교역을 잇는 수도권 전철 노선으로, 총 횡단시간은 정차 포함 37분이다. 이 노선이

신분당선 연장노선

남부와 북부 쪽으로 연장계획이 진행되면서 핫 이슈로 부상하고 있다.

신분당선은 특히 강남권으로 연결되는 '황금노선'이기 때문에 수요자들의 열기는 한층 더 뜨겁다. 수지 동천동 일대도 강남발 황금노선 연장 수혜 지역 중 하나다. 개통 전 동천동 거주자들은 전철을 이용하기 위해 마을버스를 타고 죽전역까지 나가야 하는 불편함이 있었지만, 신분당선 연장선 동천역 개통으로(2016년) 판교에서 3개 정거장, 강남역까지 7개 정거장에 불과해 30분 내에 오갈 수 있게 되었다. 이에 따라 서울까지 이동하는 시간이 획기적으로 단축돼 판교권, 강남권 출퇴근이 쉬워졌다.

또한, 행적구역상 용인 수지구인 동천동 일대는 북쪽으로는 판교신도시, 동쪽으로는 분당신도시를 사이에 두고 마주하고 있는 지역이다. 두 생활권 모두 접근성이 양호하고 실제 하나의 생활권처럼 인프라를 동시에 누릴 수 있는 데 반해 집값은 상대적으로 저렴하다는 장점이 있다.

2018년 서울시는 강남에서 용산과 도심을 지나 은평뉴타운으로 이어지는 신분당선 서북부 연장 예비타당성 조사대상 사업신청서를 국토교통부에 제출했다. 서울시는 용산과 경기 고양시 삼송을 잇는 18.46km의 신분당선 서북부 연장 노선 사업을 재추진하는 것이다. 시 계획대로 사업이 추진되면 신분당선은 강남에서부터 용산, 서울역(1·4·경의·공항철도 환승)·시청(1·2호선 환승)을 지나 종로구 상명대·독바위(6호선 환승)역을 넘어 은평뉴타운, 고양시 삼송까지 이어진다.

신분당선 연장 사업에는 총 1조6,532억 원의 예산이 소요될 예정이다. 하지만 시는 2025년 하루 30만 명의 시민이 이용할 것으로 예상해 사업가치가 충분하다고 판단하고 있다.

현재 서울 도심인 시청 지역에서 강남으로 넘어가려면 3호선이나 9호선으로 환승해야 하고, 시내버스를 이용하더라도 남산터널과 한남대교를 지나야 해 출퇴근 시간 소요 시간이 상당하다. 또 도심 접근성이 떨어지는 은평뉴타운이나 지하철 인프라가 없는 종로구 서북부 주민들은 신분당선 서북부 연장 사업을 촉구해왔다.

신분당선은 현재 강남역이 종점이지만 신논현, 논현, 신사 등을 거쳐 용산까지 연장이 예정된 상태다. 지자체는 용산~서울역(3.8km)과 독바위~삼송(8.4km) 구간은 신설하고, 서울역~독바위(6.2km)

신분당선 서북부 연장안 (서울시안)

직전 구간은 GTX-A노선과 공유하는 방법으로 노선안을 변경하고, 공사 구간도 18.46*km*로 축소했다.

광교역에서 수원 호매실까지 연장하는 계획이 남부 연장 노선이다. 2006년 계획돼 연장 1단계 사업을 마친 신분당선 연장선은 좀 지지부진한 논의를 하고 있다. 경제적 타당성이 약하다는 게 이유이다. 현재 국토부는 1조 3,000억원이 소요되는 신분당선 연장 2단계 사업의 비용대비 편익비율을 높이는 방안의 용역을 추진하고 있다.

신안산선

신안산선은 안산~광명~서울 여의도 구간과 화성 송산차량기지~시흥시청~광명구간을 연결하는 총 43.6*km* 길이의 복선전철이다. 현재 국토부는 신안산선 우선협상대상자로 선정된 포스코건설 컨소시엄과 실시협약을 체결할 방침이다. 업계에서는 2019년 상반기

안에는 착공될 것으로 보고
있다.

신안산선이 예정대로
2023년 개통되면 안산·시
흥에서 여의도까지 이동 시
간은 기존 1시간 30분에서
30분대로 줄어든다. 따라
서 신안산선 착공으로 서울
접근성 개선이 기대되는 지
역 집값이 꿈틀거리고 있
다. 주변 시세가 오르는 것
이다.

포스코건설 주도로 신안
산선 사업이 재개되면서 부

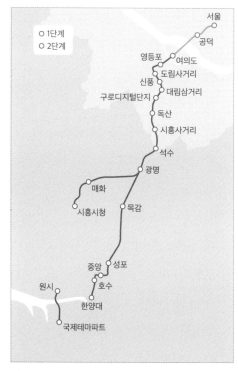

단계별 신안산선 노선도

동산시장이 활기를 띨 것이란 기대가 다시 나오고 있다. 2018년 안
산(7,19가구)과 시흥(1,777가구)에 공급되는 단지에 수요자들의 관
심도 쏠렸다. 안산과 시흥 등은 서울 접근성이 떨어졌던 지역이라
신안산선 건설로 서울 접근성이 좋아진다는 점은 호재로 보인다.

기타 수도권 도시철도

김포 양촌역부터 김포공항역까지 이어지는 23.7km, 10개역 규모의
노선인 김포 도시철도가 오는 2018년 개통됐다. 사실상 이 노선은

9호선과 5호선, 공항철도의 연장선으로 평가받고 있다. 5호선과 9호선의 출발지점인 김포공항역에서 환승이 가능하기 때문이다. 이 노선은 향후 인천 지하철 2호선과도 연결될 계획이다. 2018년 11월 개통 이후 김포 양촌역에서 김포공항역까지는 28분정도 소요된다. 이로 인해 김포시민들은 서울 주요 도심까지 30분대 안에 도달할 수 있게 되었다.

국토교통부가 관보를 통해 지난 2011년 착수해 공사 중인 소사~원시 복선전철의 개통 일을 2018년 6월로 고시했다. 이로 인해 현재 철도교통망이 없는 시흥지역에 본격 전철시대가 열릴 것으로 보인다. 시흥시에 따르면 현재 소사~원시선 복선전철은 철로 개설과 역사 건설이 마무리 단계이다.

소사~원시선 노선에는 부천 소사역을 출발점으로 시흥을 거쳐 안산 원시역까지 23.3km 구간에 12개의 정거장이 신설된다. 시흥 일대 13km 구간에는 대야~신천~신현~시흥시청~연성 등 5개역이 들어서 있다. 배차시간은 평일 19분가량으로 4량 7편성 운영될 예정이다. 안산 시민들이 이 노선을 이용해 부천 소사역에서 1호선으로 환승을 하면 최대 50분 내에 서울 도심으로 접근할 수 있게 된다.

수인선 복선전철건설사업은 2019년 하반기에 완공된다. 또한 지하철 5호선의 연장선인 '하남선'은 애초 2018년 말까지 1단계 구간인(서울 상일동~하남 신장동)을 준공, 부분 개통키로 했었다. 하남시에 따르면 1단계 구간 중 하남구간(2·3공구)은 올해 말 준공이 가능한데 비해 서울구간인 1공구(상일~하남시계)에서 공정률이 40%

대로 매우 낮아 공사가 지연되고 있다. 이에 따라 시운전 기간(6개월)을 감안하면 2019년 6월 이후에나 1단계 구간 개통이 가능할 것으로 보인다.

이렇게 지하철역이 없던 지역에 교통 인프라가 새로이 구축돼 시민들의 오랜 숙원이 풀릴 것으로 보인다. 부천 소사동에서 안산 원시동까지 24분만 도달 가능해지는 등 지하철이 없던 시흥시에 교통인프라가 구축되는 것이다. 이러한 수도권과 도심을 잇는 지하철 노선이 개설됨에 따라 도심 진입 시 일어나던 교통혼잡도 줄어들 것이다. 이는 부동산과 직결된다.

수도권 공급확대 대책을 주목하라

정부의 부동산 대책은 서울 부동산 움직임에도 영향을 미친다. 문
재인 정부 들어서 2018년 9·13 대책이 대표적이다. 이 대책은 종
합부동산세 최고 세율을 현행 2.05%에서 3.2% 올리는 등 초고가·
다주택 보유자 부담을 크게 늘리고, 투기과열지구의 금융규제 등
에 초점을 뒀다. 이후 부동산 시세가 주춤하는 것을 보면 역시 정부
대책과 부동산의 향방은 밀접한 관련이 있다. 주택 공급 역시 큰 변
수 중 하나이다. 문재인 정부는 2018년 9·21 대책을 발표해 서울
과 수도권 공공택지 확보를 통해 30만 호를 추가 공급하겠다는 정
책을 세웠다. 4~5개의 추가 신도시 개발이 예상된다. 공공택지 공
급에 주목해야 서울 부동산의 흐름을 예측할 수 있다.

9·13 부동산 대책

2017년 8·2 부동산 대책으로 잠시 주춤했던 서울 부동산 시세는 급등세를 보였고 이에 정부는 8·27 부동산 대책을 통해 투기과열 지구, 투기지역, 청약조정지역 확대를 골자로 정책을 발표했다. 또한 곧이어 9.13 부동산 대책을 발표했는데 이는 종합부동산세를 골자로 한다. 그리고 바로 9.21 부동산 공급확대 대책까지 발표했다. 실제로 8·27, 9·13, 9·21 대책은 부동산 정책의 한 몸이라 하겠다.

가장 큰 안건은 종합부동산세 인상 및 과세대상 확대이다. 종합부동산세 과표 3억~6억 원 구간을 신설하여 세율을 0.7% 부과하기로 하였다. 서울시와 세종시의 경우 종부세 최고세율을 3.2%로 인상하기로 했다. 세 부담 상한선도 150%에서 300%로 2배 확대하기로 하였다. 실제로 정부발표에 따르면 이런 인상에 해당하는 사람은 종전의 2만 6,000명에서 27만 4,000명으로 증가하는데, 25만 명 정도의 사람들에게 세금을 더 걷는다. 즉 매우 비싼 주택을 보유한 사람이나 혹은 주택을 많이 보유한 사람들에게만 해당되는 것이다.

주목할 것은 임대사업자 등록 유도책을 전면적으로 전환한 것이다. 조정대상지역 다주택자가 8년 장기 임대등록 주택을 양도시, 양도세 중과에서 제외하던 것을 1주택 이상자가 조정대상지역에 새로 취득한 주택은 임대등록시에도 양도세를 중과한다. 또한 8년 장기 임대등록한 주택에 대하여 종합부동산세를 비과세하던 것을

1주택 이상자가 임대등록시에도 종합부동산세를 합산해서 과세한다.

또한 주택임대사업자에 대한 대출규제를 강화한다. 현재 금융회사가 60~80% 수준의 LTV를 자율적으로 적용하던 것에서 투기지역·투기과열지구 내 주택을 담보로 하는 임대사업자대출에 LTV 40% 도입, 주택담보대출(가계대출, 사업자대출)을 이미 보유한 임대사업자에 대해 투기지역 내 주택취득 목적의 신규 주담대 금지, 임대업대출 용도 외 유용 점검을 강화, 건당 1억원 초과 또는 동일인당 5억 원 초과시 점검, 임대차계약서, 전입세대열람원 등을 사후에 반드시 확인토록 했다. 특히 투기지역과 투기과열지구 내 고가주택(공시가격 9억원 초과)을 신규 구입하기 위한 주택담보대출은 원천적으로 금지하는 내용을 담고 있다. 주택임대사업자의 혜택을 대폭 줄인 것이다.

9·21 공급확대 정책

2018년 9월 21일 정부는 수요와 공급을 조정해 부동산 대책을 세우는 취지로 '수도권 주택공급 확대 방안'을 발표했다. 서울 인접지역에 330만㎡ 이상 대규모 택지를 조성해 20만호 이상의 신규주택을 공급하는 것을 골자로 한다. 수도권 공공택지 17곳에서 3만5천호를 공급할 계획인데 서울시 그린벨트 해제를 통한 대규모 택지공급 계획은 포함되지 않았다.

정부는 이날 나머지 30곳 30만호 규모의 신규택지를 발표하겠다고 했으나 서울시가 그린벨트 해제를 반대해 택지를 선정하지 못하면서 우선적으로 소규모 17곳 택지만 공개했다.

정부가 대책 발표날 공개한 수도권 공공택지는 17곳, 3만5천호를 내용으로 한다. 서울의 경우 옛 성동구치소 자리와 개포동 재건마을 등 11곳, 경기는 광명 하안2·의왕 청계2·성남 신촌·시흥 하중·의정부 우정 등 5곳, 인천은 검암 역세권이다.

주택수는 서울은 11곳에서 10,282호, 경기도는 1,7160호, 인천은 7,800호다. 이들 신도시에서 나오는 주택 물량은 20만호로, 2021년부터 공급된다. 나머지 26만 5천호는 2019년 상반기까지 발표될 예정이다. 남은 13곳 중 4~5곳은 330만m^2 이상 대규모 공공택지에 3기 신도시를 조성해 20만호를 공급하기로 했다. 위치는 분당, 일산 등 1기 신도시와 서울시 사이가 될 것이라고 밝혔다.

이와 함께 정부는 나머지 택지는 중·소규모로 개발해 약 6만5천호를 공급하기로 했다. 이를 위해 국토부는 도심 내 유휴부지와 군유휴시설, 장기미집행 도시계획시설 등을 적극 활용할 방침이다.

정부의 부동산 공급정책 발표 전날인 2018년 9월 20일 이재명 경기도지사는 공공임대주택 확대, 아파트 분양원가 공개 등 경기도 지역의 부동산 대책을 발표했다. 경기도는 2022년까지 공공임대주택 20만 가구를 공급하기로 했다. 20만 가구는 공공분야에서 직접 건설하는 건설임대 방식(13만7000가구)과 기존 주택을 매입 또는 전세 계약해 재임대하는 방식(63,000가구)이다. 특히 청년층 주거문제 해결을 위해 61,000가구(30.5%)는 신혼부부와 대학생, 사회초년생 등에 우선 공급하기로 했다. 경기도가 2017년까지 청년층에 공급한 임대주택 5,500가구의 11배에 달하는 규모다.

수도권 공공택지 토지거래허가구역 지정

정부는 경기도 광명·시흥 등 수도권 6곳을 토지거래허가구역*으로 지정했다. 2018년 9월 21일 확정 발표한 수도권 신규 택지와 주변 지역의 '투기 거래'를 막기 위해 거래를 묶는 조치다. 중앙정부가 수도권에 대규모로 토지거래허가구역을 지정한 것은 부동산 경기가 과열 양상을 보였던 2007년 이후 11년 만이다.

이번에 토지거래허가구역으로 새로 지정된 곳은 ◉광명 하안동(3km²) ◉의왕 포일동·청계동(2.2km²) ◉성남 신촌동(0.18km²) ◉시흥 하중동(3.5km²) ◉의정부 녹양동(2.96km²) ◉인천 검암동·경서동(6.15km²) 등 6곳 17.99km²다. 이 지역은 9·21 부동산대책에서 신규 택지로 지정된 사업 예정지와 해당 '동'의 녹지지역이다. 이번 조치는 2018년 11월부터 2년 동안 적용된다. 토지거래허가구역으로 지정되면 지방자치단체장의 허가 없이는 일정 면적 이상의 토지거래가 불가능해진다.

가령 녹지지역은 면적이 100m²가 넘으면 토지거래와 이용 목적을 제시하고 허가를 받아야 한다. 허가를 받지 않고 거래하면 계약 효력이 없어지고 2년 이하 징역 또는 계약 토지거래가격의 최대 30%까지 벌금을 내야 한다.

토지거래허가구역 : 토지의 투기적 거래 또는 지가의 급격한 상승이 이뤄지거나 그럴 우려가 있는 지역에 투기를 방지하기 위해 설정한다. 일정 면적 이상의 토지를 거래할 경우 지자체장의 허가를 받아야 한다.

12·19 공급 확대 정책을 통찰해 보라

문재인 정부 들어서 주무 장관인 국토교통부 장관은 수도권 내 공급이 부족하지 않다는 논리를 폈다. 하지만 4인 가족 단위의 주택은 서울을 위시한 수도권의 경우 부족한 것이 사실이다. 실제로 문재인 정부는 수도권 주택공급 정책을 검토하면서 2018년 12.19 공급대책인 '3기 신도시'를 발표했다.

먼저 그 내용을 살펴보자. 수도권 지역인 경기 남양주, 하남, 과천과 인천 계양 지구에 최대 주택 6만호가 들어서는 '미니 신도시'가 조성되는 것이다.

국토교통부는 100만㎡ 이상 규모 대규모 택지개발지구로 남양주 왕숙 지구, 하남 교산 지구, 인천 계양 테크노밸리, 과천 과천동 일원을 선정했다고 밝혔다.

대규모 택지지구 규모는 남양주(1134만㎡), 하남(649만㎡), 인천 계양(335㎡), 과천(155만㎡) 순이다. 앞서 조성된 지구는 서울 경계로부터 *2km* 안팎 떨어진 근접 지역으로, 대부분 그린벨트에 묶여 있지만 이미 훼손되거나 보존 가치가 낮은 지역이다. 반면 이들 '3기 신도시' 개발을 통해 공급되는 주택 물량은 12만2천호로 2021년부터 순차적으로 공급될 예정이다.

이 지역은 서울 도심까지 30분 안에 출퇴근이 가능해서, 이 계획이 접근성을 최우선으로 한 것임을 알 수 있다. 또 12.19 대책에서 발표된 신규 택지는 GTX 등 광역교통망 축을 중심으로 지정됐다. 또 지구지정 제안 단계부터 교통대책을 먼저 수립하여 신도시 입주 초기 '교통 대란'을 차단한다는 방침이다.

정부는 12.19 대책 발표로 수도권 주택공급을 총 30만호로 잡는다. 이 중 2018년 9월 21일 35,000호, 12월 19일 15만5천호, 3차를 2019년 상반기에 11만호로 발표할 예정이다.

광역교통대책과 함께하는 '3기 신도시'

'3기 신도시'의 특징은 도시형 공장, 벤처기업 시설 등이 입주할 수 있도록 주택용지의 3분의 2 규모로 도시지원시설용지를 확보해 일자리를 만드는 '자족형 도시'를 조성하는 것에 있다. 또 지구 내 유치원을 100% 국공립으로 설치하고, 복합커뮤니티센터 · 도서관 등 생활형 에스오시(SOC) 투자도 강화해 육아 환경도 개선하겠다고 밝혔다.

정부는 대규모 택지 조성과 함께 도심 국공유지, 군 유휴지 등을 이용한 중소 규모 택지 조성 방안도 함께 발표했다. 장기 미집행 공

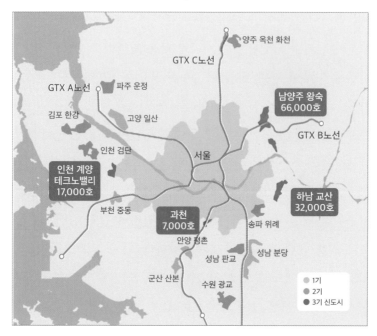

12·19 수도권 3기 신도시 공급대책

원부지와 군부대 유휴시설, 낡은 공공시설 등을 활용해 도심 내부에 33,000호 남짓의 주택을 공급한다는 방침이다.

이날 발표를 보면서 필자의 눈에 들어온 것은 각 지방자치단체장의 배석이었다. 박원순 서울시장, 박남춘 인천시장, 이재명 경기도지사, 조광한 남양주시장 등 지방자치단체장의 동참은 이 대책이 정부와 지자체 간의 밀접한 협의 속에서 나왔다는 것을 보여준다. 추진력이 담보되는 신도시 개발이 전망되는 지점이다. 이는 광역교통문제와 직결된다.

수도권 광역급행철도 운정~삼성 구간(GTX-A)을 2018년 12월 말 착공하고 수원 구간(GTX-C)은 2019년 기본계획에 착수해 조기

착공할 계획이다. 또 안산·시흥과 여의도를 잇는 신안산선을 2019
년 하반기에 착공하고, 계양~강화 고속도로를 신설하는 방안 등이
추진된다. 또 서울도시철도 3호선을 하남 교산 지구까지 연장하고,
남양주 수석동과 하남 미사동을 잇는 수석대교 신설 등의 계획도
세워졌다. 이런 광역교통대책과 이번 '3기 신도시' 개발이 맞물려
진행되고 것이다.

　정부는 2019년 하반기에 지구 지정을 완료할 계획인데, 차질 없
이 진행될 경우 2020년 지구계획이 수립되고 2021년쯤 주택 공급
이 시작될 예정이다. 소규모 택지는 2019년부터 순차적으로 주택
사업 승인 등의 절차가 진행돼 2020년 주택 공급이 시작될 예정
이다.

공급확대 정책에서 내집 마련 기회 찾기

이러한 대규모 공급정책은 시장에서는 긍정적일 수 있다. 3기 신도
시의 경우 입지 면에서도 서울과 1기 신도시 사이에 자리하고, 서
울 경계로부터의 거리가 2km에 불과해 1기 신도시(5km)와 2기 신도
시(10km)보다 접근성은 낮다는 평가를 얻고 있다.

　도심과 외곽에 걸쳐 동시다발로 주택을 공급함으로써 시장에 비
교적 강한 공급 신호를 보내는 것으로 볼 수 있다. 부동산은 심리적
인 면도 존재한다. 정부의 부동산 정책이 공급확대를 보낸다면 시
장에서는 이를 크게 받아들일 수 있다. 실제로 3기 신도시가 서울
도심까지 출퇴근 30분 거리에 조성되면 서울의 20~40대 내집 마

련 수요의 관심을 충분히 이끌어 낼 수 있다. 다만 지역별로 이미 공급이 충분하고 선호도가 떨어지는 점은 이번 계획의 한계라 볼 수 있다.

이번 기회에 공급이 갖고 있는 주택 내용도 유심히 살펴봐야 한다. 공급확대의 규모, 내용에 따라 '3기 신도시'의 핵심 알짜를 판단해 볼 수도 있다.

서울의 외곽, 신설 고속도로 살피기

서울 부동산과 도로 여건은 상관관계가 매우 높다. 따라서 서울 주변 도로 건설의 움직임을 주목할 필요가 있다. 고속도로 IC가 생기면 주유소, 식당, 정비소, 물류창고 등이 생긴다. 그 다음에 인구가 유입되면 그 주변으로 각종 상가와 편의시설들이 들어서고 주택 보급이 이뤄지기도 한다. 정부에서는 고속도로 건설계획에 따라 도로를 건설한다. 특히 최근 개통됐거나 준공할 예정인 서울 주변을 관통하는 고속도로 등을 살펴보자.

경기북부 고속도로

남북 화해협력 분위기에 발맞춰 경기북부에 고속도로와 국도 건설 사업이 속도를 내고 있다. 2025년이면 3개의 남-북 연결도로와 3

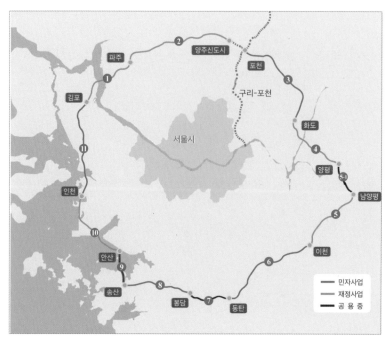

사업방식 별 경기도 고속도로 도로망

개의 동-서 연결도로 등 격자형 도로망을 갖추게 돼 교통 인프라가 부족해 낙후된 경기북부 개발에 큰 도움이 될 전망이다.

수도권 제2순환고속도로 경기북부 4개 구간 중 유일한 민자구간인 포천~화도 구간(28.97㎞)이 2018년 12월 공사를 시작했다. 재정구간인 김포~파주 구간(25.36㎞)은 2019년 공사를 시작한다. 두 구간은 2024년 개통을 목표로 하고 있다.

수도권 제2순환고속도로는 서울외곽순환고속도로 북부구간(일산~퇴계원 36.3㎞)과 함께 경기북부를 동-서로 연결하는 도로망이다. 가장 북쪽에 있는 동-서 연결 도로망 국도 37호선 확장사업도 2020년이면 완료된다.

파주 자유로에서 연천, 포천을 거쳐 가평 경춘국도(국도 46호선) 까지 동-서를 잇는 국도 37호선도 파주 적성~연천 전곡 구간(11.4 ㎞)과 연천 전곡~포천 영중(13.9㎞) 구간 공사만 남아 있는 상태다. 남-북 연결 도로망도 속속 갖춰지고 있다.

경기도와 각 시·군은 교통 오지였던 경기북부에 격자형 고속도 로망을 갖추게 돼 남북 교류가 확대될 때 지역 개발에 시너지효과 를 낼 것으로 기대하고 있다. 접경지인 경기북부는 그동안 교통인 프라가 부족해 개발에 한계가 있었다. 그런데 향후 남북 교류가 활 성화되면 확충된 고속도로망은 지역경제에 큰 도움이 될 것이다.

구리~포천 고속도로

서울북부고속도로가 총 연장 50.6㎞에 걸쳐 총 2조 8,687억 원의 사 업비를 투입해 착공 5년만에 개통했다. 구리에서 포천까지 이동시 간이 68분에서 35분으로 단축되는 등 연간 2,300억 원의 물류비 절 감이 예상되는 등 이 지역 도시도로망에 큰 도움이 될 것으로 본다.

서울에서 포천까지 30분 대로 주행할 수 있고 포천에서 강남까 지는 1시간 이상 단축된다. 산정호수부터 동구릉까지 동북부 지역 관광지 접근성뿐만 아니라 구리~포천 간 고속도로 주변에 개발된 신내지구와 갈매지구, 별내지구, 고산지구, 양주 신도시 등 인근 대 규모 택지지구 주민들의 교통환경도 나아졌다. 다만 요금 체계 관 련 지역 주민들의 불만이 높다. 민자 고속도로 정책의 주민 의견 수 렴이 중요한 대목이다.

서울~문산 간 고속도로

서울~문산 간 고속도로는 총 35.2km를 구간을 연결하는 도로로, 현천IC에서 사리현IC(식사동)을 지나 파주 내포IC까지 연결된다. 식사지구 인근에 위치한 사리현IC를 이용하면, 서울 대표 업무지역인 서울 마포구 상암동(DMC 디지털미디어시티)과 강서구 마곡지구까지 10분 대로 이동이 가능하다.

특히 서울~문산 고속도로는 서울~광명 고속도로(예정)와 광명~수원 고속도로가 연결돼 경기 서북부 교통여건 개선에 도움이 될 것으로 기대된다. 더욱이 수원과 평택 사이에 위치한 동탄JC에서 경부고속도로로 진입할 수 있어 부산까지 한 번에 이동이 가능하다. 2020년 개통을 앞두고 있다.

안양~성남 고속도로

안양~성남 고속도로는 경기 안양시 만안구 석수동에서 과천·의왕을 거쳐 성남시 중원구 여수동을 잇는 왕복 4~6차로, 총 길이는 21.8km이다. 전체 구간의 약 64%(13.99km)가 터널·지하차도·교량 등으로 건설됐다. 서쪽으로 인천공항에서 출발하는 인천대교고속도로·제2경인고속도로와 연결되고, 동쪽으로는 성남~장호원 고속도로, 광주~원주(제2영동고속도로) 고속도로와 이어져 인천공항에서 원주까지 94분 만에 이동할 수 있게 됐다.

인천공항에서 원주까지 운행거리는 167km에서 143.6km로 23.4

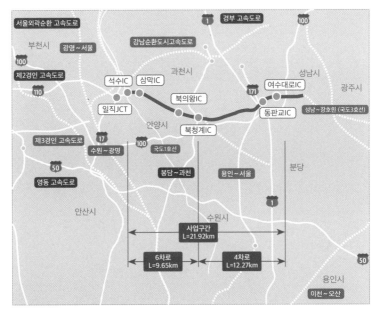

안양~성남 고속도로

km 줄고, 이동시간은 135분에서 94분으로 41분 단축된다. 종전 인천대교~제2경인~영동고속도로로 이용하던 최단 경로가 광주(경기)~원주 제2영동고속도로로 변경되기 때문이다.

상습 정체구간인 서울외곽순환고속도로, 국도1호선(경수대로), 국도47호선(과천대로)의 교통량을 분산해 수도권 남부 교통 혼잡을 획기적으로 개선할 것으로 전망된다. 안양에서 성남까지 이동 시 서울외곽순환 등 기존 도로 대비 약 7.3km가 줄고 통행시간은 40~60분에서 15~20분으로 평균 36분 정도 단축될 전망이다. 안양~성남 고속도로는 서울외곽순환 일직분기점에서 제2경인고속도로 및 서해안고속도로와 연결되고, 북청계나들목에서는 안양판교로, 동판교나들목은 분당 내곡 간 도시고속화도로, 여수대로나

들목에서는 성남~장호원 간 도로 및 성남대로와 연결된다.

서울~세종 고속도로

당초 민자사업으로 추진해온 서울~세종 고속도로가 한국도로공사로 사업방식을 전환하고 개통시기를 1년 6개월 단축해 2024년 6월 조기 완공할 방침이다. 정부는 서울~세종 고속도로가 경제중심 서울과 행정중심 세종을 직결하는 상징성이 있고, 2046년 예상 기준 하루 약 10만대의 교통량을 처리하는 국토간선도로망으로 첨단 ICT 기술이 융합된 스마트하이웨이로 구축하겠다는 구상이다.

한국도로공사가 이미 착수한 안성~구리 구간은 당초 예정되어 있던 민자사업 전환계획을 취소한 후 2022년 완공하고, 세종~안성 구간은 민자 제안을 반려하고 사업시행자를 한국도로공사로 변경한 후 2017년 말 기본·실시 설계에 착수했으며, 2024년 6월 조기 완공할 예정이다.

정부는 사업방식 전환에 따라 국민들에게 30년간 약 1조 8,000억 원의 통행료 인하효과가 돌아가는 등 고속도로 공공성이 강화되고, 세종시가 명실상부한 행정중심복합도시가 될 수 있도록 세종~안성 사업기간을 단축해 조기 완공(당초 2025년 12월 완공)하며, 더불어 기간 단축에 따른 통행시간 절감, 운행비용 절감 등 사회적 편익이 6,700억 원에 이를 것으로 예상된다고 설명했다.

지은이 **황태연**

㈜더리치에셋 대표와 ㈜밸류자산관리 이사로 재직중이다. 부동산 특강 전문강사로 500회 이상 부동산 전망 및 은퇴준비 세미나를 개최했다. 건축, 시행, 개발 전문가로서 고객들의 투자를 도와주는 컨설턴트이기도 하다. 부동산 전문 방송인으로 SBS CNBC TV '고민타파 부동산 해결사들', 한국경제 TV '부동산 재테크 NOW', '성공예감 부동산재테크', 이데일리 TV '부동산연구소', '부동산 따라잡기', RTN 부동산경제 TV '부동산고민 무엇이든 물어보세요', '매물와이드', MTN TV '부동산가이드', 그 외 MBN, 서울경제 TV, 토마토 TV 부동산 방송 등 다수 프로그램에 출연중이다. 또한 여러 매체에 부동산 관련 칼럼을 게재하고 있으며, 저서로 『100세 시대 부동산 은퇴설계』가 있다.

http://therichasset.biz

2030년 서울 부동산 플랜

초판 1쇄 인쇄 2019년 4월 12일 | **초판 1쇄 발행** 2019년 4월 19일
지은이 황태연 | **펴낸이** 김시열
기획 1인1책(www.1person1book.com)
펴낸곳 도서출판 자유문고

(02832) 서울시 성북구 동소문로 67-1 성심빌딩 3층
전화 (02) 2637-8988 | 팩스 (02) 2676-9759
ISBN 978-89-7030-139-6 03320 값 15,000원
http://cafe.daum.net/jayumungo (도서출판 자유문고)